Chrétiens homosexuels
en couple

Bonheur et sanctification

Religion et Sciences Humaines
Fondée par François Houtart et Jean Remy
Dirigée par Vassilis Saroglou

Dans les sociétés contemporaines, les phénomènes religieux sont remis en valeur, sous des formes très diverses, et sont reconnus aujourd'hui comme des faits sociaux significatifs. Les ouvrages publiés dans cette collection sont des travaux de sciences humaines analysant les faits religieux, dans les domaines de la *sociologie*, de la *psychologie*, de l'*histoire*, du *droit* ou de l'*anthropologie*. Il s'agit d'analyser les faits religieux soit de manière transversale soit en lien avec une tradition ou une forme de religion spécifique (notamment Christianisme, Islam, Judaïsme, Bouddhisme, nouveaux mouvements religieux).

Comité éditorial :
Roland Campiche (Lausanne, Suisse), Jos Corveleyn (Leuven, Belgique), Michel Despland (Montréal, Canada), Nicolas Guillet (Cergy-Pontoise, France), François Houtart (Louvain-la-Neuve, Belgique), Claude Langlois (EPHE, Paris, France), Albert Piette (Paris VIII, France), Jean Remy (Louvain-la-Neuve, Belguqie), Patrick Vandermeersh (Groningen, Pays-Bas).

Déjà parus

Anne RUOLT, *L'École du Dimanche en France au XIXe siècle. Pour croître en grâce et en sagesse*, 2012.
Adeline HERROU & Gisèle KRAUSKOPFF (dir.), *Moines et moniales de par le monde*, 2009.
Martina SCHMIDT, *Protestantisme historique et libération. Renouveau œcuménique dans le Sud et dans le Nord*, 2007.
Nicolas GUILLET (études réunies par), *Les difficultés de la lutte contre les dérives sectaires*, 2007.
Maurilio Alves RODRIGUES, *Les Communautés ecclésiales de base au Brésil*, 2006
Nicolas de BREMOND D'ARS, *Dieu aime-t-il l'argent*, 2005.
Guy de LONGEAUX, *Christianisme et laïcité, défi pour l'école catholique. Enquête en Région parisienne*, 2005.
Thierry MATHE, *Le bouddhisme des Français*, 2004.
Roberto CIPRIANI, *Manuel de sociologie de la religion*, 2004.
Stefan BRATOSIN, *La nouthésie par la poésie : médiations des croyances chrétiennes*, 2004.

Michel Anquetil

Chrétiens homosexuels en couple

Bonheur et sanctification

DU MEME AUTEUR

Chrétiens homosexuels en couple, un chemin légitime d'espérance, Saint Denis, Edilivre, 2018

© 2020, L'Harmattan
5-7, rue de l'École-Polytechnique – 75005 Paris
www.editions-harmattan.fr
ISBN : 978-2-343-21251-7
EAN : 9782343212517

À Michel, mon compagnon

INTRODUCTION

Dans un premier ouvrage, *Chrétiens homosexuels en couple, un chemin légitime d'espérance*[1], nous avons proposé quelques éléments de réflexion pour fonder la légitimité éthique de tels couples, révéler leur réelle fécondité et la valeur symbolique forte qu'ils incarnent. Ce choix de vie est ouvert à la joie et à l'espérance chrétienne du salut.

En effet les quelques versets bibliques habituellement invoqués pour condamner les pratiques homosexuelles, s'ils sont contextualisés comme cela doit, dénoncent avant tout l'idolâtrie et la dénaturation du rapport d'alliance avec Dieu. Mais ils ne visent aucunement la conception contemporaine d'un couple homosexuel fondé sur l'amour de Dieu et animé par un amour humain authentique, stable et durable, ouvert aux autres.

De tels couples appellent un autre regard et nous voudrions rappeler les conclusions essentielles de cette première étude.

Une première réflexion s'enracine dans une méditation renouvelée des deux récits de création dans le livre de la Genèse, récits qu'il convient de ne pas séparer mais de tenir ensemble. Ces textes illustrent le projet de Dieu de

---

[1] Michel Anquetil, *Chrétiens homosexuels en couple, un chemin légitime d'espérance*, Saint-Denis, Edilivre, 2018.

faire exister une créature à son image qui n'est pas faite pour vivre seule mais qui a vocation à quitter son animalité primitive pour s'humaniser en entrant en relation avec une autre créature. A cette fin, Dieu présente à cet Adam un « vis-à-vis » : rencontre qui émerveille Adam quand il découvre une « aide qui lui est accordée », à la fois semblable et différente : il se reconnaît alors « homme » et l'appelle « femme ». En revivant chaque jour cet émerveillement devant leur altérité, tous deux sont appelés à s'aimer, à devenir féconds, à grandir progressivement en humanité, à entrer ainsi dans la ressemblance à la communion trinitaire de Dieu.

L'homosexualité, qui n'est pas un choix libre mais un élément constitutif de la personne, est donc mystère. Car précisément la rencontre entre deux personnes homosexuelles se vit avec le même émerveillement l'une devant l'autre, à la fois semblable et différente ... quoique hors toute différence sexuelle inscrite dans les corps. Si c'est Dieu qui suscite les amours conduisant les êtres humains à accéder à leur pleine humanité, ne faut-il pas en déduire que les amours entre personnes de même sexe sont aussi don de Dieu ? Ces personnes, elles aussi aimées de Dieu et recevant la même promesse de vie, sont invitées à s'émerveiller de leur altérité mutuelle et à vivre une communion féconde, à l'image de la communion trinitaire. L'homosexualité ne remet pas en cause le projet divin sur chaque homme, chaque femme ; elle relativise la différence sexuelle et la cantonne à un signe identitaire de la personne ; elle révèle surtout l'importance et la valeur de l'altérité, condition de la relation humaine, et ce, que la différence sexuelle soit ou non inscrite dans la chair.

Une deuxième idée-force est tirée de l'anthropologie chrétienne selon laquelle corps et esprit sont indissociables. L'être humain appelle une approche holistique. Corps-cœur-esprit sont à appréhender ensemble et le tout est en relation avec Dieu. A cause même de cette unité, *le corps est le temple du Saint Esprit (1 Corinthiens 6,19)*. La sexualité, avec sa dimension érotique, s'enracine dans le corps biologique mais l'excède de toute part en se nourrissant de passion et de tendresse. Elle est un lieu essentiel de conversion : le signe de l'éclatement de la personne ou au contraire celui de son unité et de la paix retrouvée.

Toute union sexuée n'est donc pas bénie ! La rencontre est don de Dieu quand elle s'inscrit dans une démarche spirituelle, dans le désir d'un amour authentique vécu selon le vouloir divin, dans une promesse d'alliance entre les deux partenaires sous le regard de Dieu. L'émerveillement devant l'altérité de l'autre est inséparable de l'invitation à suivre le chemin du Christ mort et ressuscité.

C'est pourquoi, d'un point de vue chrétien, une union charnelle sans autre finalité que la recherche du plaisir sensoriel suscité par la copulation n'apparaît pas moralement légitime. Elle brise l'unité fondamentale de notre être : la chair devient triste, la rencontre n'est plus festive. Les actes génitaux en effet n'ont pas de valeur par eux-mêmes mais ne font qu'exprimer et traduire la pauvreté ou la richesse d'une relation entre deux personnes. C'est leur signification dans l'histoire de cette relation qui est importante, qui les légitime ou non. De même vouloir dissocier la personne de ses actes, refuser de prendre en considération la qualité de la relation qu'ils lui ont permis de vivre, est contraire au principe de l'unité de l'être humain qui caractérise toute l'anthropologie biblique. C'est l'une des critiques fortes que l'on peut faire aux déclarations du magistère catholique sur ce sujet.

Troisième conclusion : c'est la quête de l'altérité qui légitime moralement l'activité sexuelle car elle permet de passer du désir sexuel à l'amour conjugal authentique. L'étreinte charnelle stimulée par le désir ne peut pas se contenter de la délectation réciproque qu'elle peut offrir à savourer. Le plaisir n'est pas un but mais un fruit. Recherché pour lui-même il s'étiole. Par contre cette étreinte peut tendre à exprimer la délicatesse réciproque, la persévérance, l'attention à l'autre qui font prendre conscience que chacun n'existe que par l'autre. Les corps incarnent alors la parole d'amour échangée, le cri d'émerveillement d'Adam face à « l'aide accordée » que Dieu lui offre, et c'est bien cette unité harmonieuse, corporelle-psychologique-spirituelle, qui fait accéder les deux partenaires à plus d'être, à la vie en plénitude, à leur pleine humanité.

La réussite et la légitimité de la sexualité se mesurent au respect toujours plus grand de l'altérité du partenaire. Grâce à la maîtrise de soi et au renoncement à tout désir possessif, se développe l'attention portée à ce que l'autre est dans son corps, puis dans toute la diversité de sa personnalité. Être attentif à l'altérité du partenaire, c'est le respecter et le promouvoir pour qu'il soit pleinement lui-même. Le désir se transfigure alors en amour durable. Une communion intime émerge, qui unifie pleinement le corps et l'esprit. Il s'agit bien d'un chemin de conversion, de rédemption, qui fait passer du désir possessif mortifère à la capacité de se donner et de se recevoir réciproquement, qui fait taire toute violence pour faire advenir la douceur et la pureté du cœur, entrer dans la lumière et la vie du Christ.

La quatrième idée centrale concerne la fécondité. Depuis quelques décennies, de profondes évolutions médicales, sociales et économiques conduisent à redéfinir la place de la procréation et à mettre un accent nouveau sur la mission sociale et spirituelle du couple : celui-ci étant appelé à durer bien au delà de la période de fécondité biologique de la femme. Le couple homosexuel est appelé tout spécialement à cette mission.

L'amour vrai est communicatif et rend fraternel, accueillant et serviable avec tous. Cette force de vie née de l'amour pousse le couple à mettre ses charismes au service de la vie sociale et de la communauté chrétienne pour participer à la construction du Royaume. Le couple est évangélique car, se nourrissant de l'imitation du Christ, il développe son aptitude à un accueil miséricordieux. Le couple heureux est missionnaire, l'amour dont il rayonne est fructueux et répand la Vie, à l'instar de l'amour divin dont il participe.

La procréation s'inscrit certes dans ce mouvement qui, cependant, la dépasse largement. De sorte qu'il n'est plus tenable aujourd'hui de soutenir que toute pratique sexuelle doit être ouverte à la vie biologique, c'est-à-dire virtuellement apte à engendrer. En réalité, la vie sexuelle incarne et vivifie cet amour fécond et missionnaire. L'union homosexuelle, de manière propre, peut donc aussi être féconde.

Enfin, dernière conviction, la conjugalité homosexuelle dans son expérience concrète n'est pas différente de la conjugalité hétérosexuelle. Pour tous les couples, de même sexe ou non, l'altérité est une conquête à vouloir et à entreprendre, un chemin de conversion pour faire grandir le don de Dieu reçu lors de la rencontre originelle. C'est le déploiement de la charité qui en mesure la valeur. La dignité des couples homosexuels n'est donc pas moindre que celle des couples hétérosexuels et leur union ne peut pas ne pas être, elle aussi, bénie de Dieu.

Quoique privés s'ils sont catholiques du sacrement de mariage, les couples de même sexe ont néanmoins une riche signification symbolique qui leur est propre. Ils témoignent du travail de la grâce, de la force de libération et de salut jaillissant de leur foi baptismale et de leur attachement porté au Christ. Ils incarnent une faculté de résilience et une liberté subversive qui invitent à renverser les représentations sociales et religieuses majoritaires, les stéréotypes, les morales fermées. Ils rappellent à tous que le salut est don gratuit de Dieu, offert à tout homme et à toute femme qui se laisse conduire par sa foi et son amour pour Christ, et ce quelle que soit sa qualification au regard de la Loi, quel que soit son mérite aux yeux de la foule. Ils invitent à une plus grande fraternité par l'accueil et le respect inconditionnel des itinéraires personnels, et par là-même participent à la dimension eschatologique du salut, hâtant la venue d'une terre nouvelle et d'un ciel nouveau où résidera la justice. Ils témoignent ainsi de la puissance recréatrice et libératrice qui s'enracine dans la grâce baptismale jaillie du mystère pascal.

Ce premier livre proposait quelques repères éthiques sur lesquels deux personnes de même sexe peuvent s'appuyer quand elles veulent s'engager dans une vie de couple ouverte à l'espérance chrétienne.

Cependant reste la question du « comment » mettre en œuvre concrètement ce projet. Comment ces personnes sont-elles appelées à vivre au quotidien ? Quel parcours leur proposer pour vivre un amour heureux,

en fidélité à leur baptême si elles confessent Jésus-Christ ? Comment avancer sur un chemin possible de sanctification ?

Car aujourd'hui il y a bien des modalités de vie en couple homosexuel. L'échiquier est vaste, depuis la manière flamboyante qui met l'accent sur la quête espérée festive d'un moment intense et passionné, dans un provisoire toujours à renouveler, ... jusqu'à celle d'un engagement mutuel dans la durée. Les deux partenaires écrivent alors l'histoire longue d'un amour qui les presse à dépasser sans cesse leurs limites, pour s'ouvrir à l'autre, aux autres, à l'Autre divin, et trouver ainsi le bonheur. Dans la logique de notre ouvrage précédent, c'est dans cette dernière perspective que nous nous plaçons.

Olivier Abel soutient que le couple, le couple sans enfant, sans mariage, tel qu'il apparaît dans le Cantique des Cantiques et dans la Genèse avec Adam et Eve, appelle éloge : il est bon en lui-même, sans être subordonné à la procréation, à la filiation[2]. Il inaugure, de fait, un chemin possible de sanctification. Dans son exhortation à la sainteté[3], le Pape François rappelle de son côté que *« nous sommes tous appelés à être des saints en vivant avec amour et en offrant un témoignage personnel dans nos occupations quotidiennes là où chacun se trouve » (n°14)*. Echo à l'appel du Lévitique : *« Soyez saint car je suis saint, moi, le Seigneur » (Lévitique 19,2)*. Le Pape précise

---

[2] Cf Olivier Abel, *Rupture et fidélité, institution et conversation conjugale*, in *Les églises face aux évolutions contemporaines de la conjugalité*, s/d I. Grellier, A. Roy et A-L. Zwilling, Strasbourg, Association des Publications de la Faculté de Théologie protestante, 2018, page 161.
[3] Pape François, exhortation *Gaudete et exsultate*, exhortation apostolique sur l'appel à la sainteté dans le monde actuel - 19 mars 2018 (version française, La Documentation catholique, Bayard, 2018).

aussitôt la voie : « *Laisse la grâce de ton baptême porter du fruit dans un cheminement de sainteté* » (n°15). Un cheminement ... qui prend du temps !

Il s'agit en effet de se laisser sanctifier par l'Esprit reçu au baptême. C'est croire à l'amour inconditionnel de Dieu et apprendre progressivement à aimer comme Dieu aime, par de petits gestes, dans les circonstances de la vie qu'il nous est donné de vivre. C'est se mettre en capacité de recevoir les grâces de Dieu et de reconnaître celles déjà reçues. La sainteté est rencontre de notre faiblesse avec la force de la grâce, et ce chacun sur sa route : « *Ce qui importe, c'est que chaque croyant discerne son propre chemin et mette en lumière le meilleur de lui-même, ce que le Seigneur a déposé de vraiment personnel en lui et qu'il ne s'épuise pas en cherchant à imiter quelque chose qui n'a pas été pensé pour lui* » *(n°11).*

Nous en sommes convaincus : ce chemin est ouvert aux chrétiens homosexuels qui souhaitent vivre en couple, comme à tous. Eux aussi sont appelés à mettre en œuvre graduellement les béatitudes enseignées par Jésus lui-même, à se laisser conduire par l'Esprit sur ces voies du bonheur. Forts de la grâce de leur baptême et du don de l'Esprit Saint qui les habitent, ils pourront progresser en endurance, patience et douceur - joie et sens de l'humour - audace et absence de crainte - sens de la communauté - goût pour la prière - combat, vigilance et discernement[4].

Telle est la direction générale, l'horizon de ce nouvel ouvrage, d'où son titre « *Chrétiens homosexuels en couple, bonheur et sanctification* ». Décrire les conditions psychologiques et spirituelles pour qu'un couple homo-

---

[4] Pape François, exhortation *Gaudete et exsultate,* exhortation apostolique sur l'appel à la sainteté dans le monde actuel - chapitre 4.

sexuel soit heureux durablement ; analyser les différentes étapes du processus de sa croissance humaine ; exposer ce qui peut l'aider à réaliser pleinement sa vocation spirituelle et chrétienne : tel est son objet.

L'entreprise n'est cependant pas sans difficulté de méthode ! Il faut en premier lieu honorer le plan psychologique, énoncer à cette fin les dispositions sans lesquelles un couple ne peut se construire sainement. Projet délicat, tant les personnalités et les histoires individuelles sont diverses. Ces histoires sont parfois douloureuses et génératrices de blessures psychologiques. Elles influent pour une part sur les circonstances des rencontres amoureuses et peuvent peser lourd dans la formation des couples, sur leur développement, peut-être même conditionner leur durée. Il conviendrait donc d'individualiser notre propos... qui ne peut cependant que rester général.

De plus selon qu'il s'agit de couples gays ou de couples lesbiens, les approches psychologiques peuvent justifier des nuances : il faudrait donc là encore distinguer, ce qui n'est guère possible dans le cadre modeste de cet ouvrage ! Nous adressant à toutes et à tous, nous adopterons du moins une écriture inclusive, sans être systématique pour ne pas alourdir, mais chaque fois que l'opportunité y invitera[5].

Pour les couples homosexuels chrétiens, cette première approche psychologique doit être enrichie d'une réflexion d'ordre spirituel. Or s'il convient d'éviter toute confusion entre le psychologique et le spirituel, leurs interactions dans le concret de la vie quotidienne sont pourtant multiples et fortes.

---

[5] Que les couples de femmes pardonnent les manquements à cette règle qui pourraient les blesser !

De plus l'engagement chrétien de ces couples et leur sensibilité au « religieux » sont à l'évidence variables. De nombreuses personnes homosexuelles, baptisées ou non, développent un sens spirituel très délicat et généreux. Plus ou moins séparées de leur église d'origine, souvent en raison d'enseignements qui les ont blessées ou auxquels elles ne peuvent raisonnablement adhérer, elles restent en recherche. Beaucoup se laissent animer par les valeurs évangéliques. Certaines peuvent encore confesser Jésus-Christ, tandis que d'autres, persuadées d'avoir « perdu la foi » ou de ne l'avoir jamais eue, gardent pourtant en leur cœur des braises, des cendres encore chaudes que l'Esprit Saint et l'amour patient d'un compagnon, d'une compagne, peut raviver.

Quand un·e seul·e des deux partenaires est engagé·e explicitement dans la foi, il lui appartient d'être la lampe qui brûle et qui éclaire, sans pour autant imposer ses options religieuses à temps et à contretemps à son ou à sa partenaire non-croyant·e. Humblement, il·elle se rappellera que Dieu parle aussi dans le cœur de son ami.e, tout en restant confiant·e dans l'affirmation de l'apôtre : « *Le mari non croyant est sanctifié par sa femme et la femme non croyante est sanctifiée par son mari* » *(1 Corinthiens 7,14[6])*. Paul s'exprime certes dans le cadre de relations hétérosexuelles, mais sa pensée est en l'occurrence transposable.

Nous viserons en priorité les couples engagés dans la foi chrétienne, dans la confiance que l'Esprit inspirera chacun.e selon son parcours spirituel spécifique : à chacun·e son chemin, sa progression !

---

[6] Les textes bibliques, sauf exceptions précisées, sont cités selon la *Traduction Œcuménique de la Bible*, 11ème édition, Paris, Cerf, 2010.

Bien évidemment il ne s'agit pas de dresser une liste de règles impératives dans la perspective d'une morale du devoir qui garantirait à coup sûr la pérennité du couple : ce serait insipide et trompeur.

Par contre, à l'intention des chrétiens homosexuels qui désirent vivre en couple ou qui y vivent déjà, à leurs proches, à ceux et celles qui les accompagnent spirituellement, nous proposerons quelques repères tant psychologiques que spirituels, en souhaitant que ceux-ci puissent les aider à éviter certains écueils et à avancer sur le chemin de leur sanctification. A chaque couple d'y réfléchir, de les méditer, de se les approprier librement, de les adapter en fonction de sa propre histoire, de son propre vécu : en « faire son miel ».

Suivre le Christ n'est pas un choix facile : la porte est étroite (Matthieu 7,13). La vocation baptismale appelle à se laisser ensevelir avec Christ pour ressusciter avec lui (Colossiens 2, 12). Nous ne croyons pas que la vie de couple puisse durablement reposer sur le seul sentiment amoureux, sur l'émotion partagée. Elle suppose plutôt un patient travail sur soi, un apprivoisement réciproque, sans doute aussi un effort, pour que chacun·e devienne capable d'offrir toute la richesse de son être et de recevoir toute celle de l'autre. La vie de couple a une dimension pascale : aimer, c'est vouloir aimer. Cela ne signifie pas être volontariste mais bien plutôt se laisser pétrir par la force de l'Esprit. Une vie de couple chrétienne s'épanouit au jour le jour en acceptant certains renoncements et en rendant grâce pour les joies partagées. Elle est une histoire sainte, le patient tissage à deux d'une étoffe chatoyante qui pourra devenir abri des peines et des joies du monde, en offrande à Dieu.

Que ces couples puissent ainsi être heureux et avancer dans une harmonie humaine et une communion spirituelle joyeuse; qu'ils construisent le Royaume de fraternité et de communion voulu et inauguré par Christ : car telle est la marque de la « sainteté des gens de la rue » selon l'expression de Madeleine Delbrêl ![7]

Dans cet esprit, nous évoquerons successivement :
- la rencontre amoureuse qui fonde le couple ; ce qui la précède, ce qui s'y vit, ce qui conduit à l'engagement d'une vie de couple (chapitre 1),
- au fil des jours, la nécessité d'apprendre à s'aimer ; apprendre à humaniser sa sexualité, à ajuster les deux personnalités (chapitre 2),
- au fil des jours, la joie de vivre l'alliance : bonheur de vivre à deux et de s'aimer ... mais bonheur toujours fragile ; bonheur de vivre cette alliance sous le regard de Dieu (chapitre 3),
- enfin la fécondité du couple par son ouverture au monde : du premier cercle des proches au souci du monde futur ; en se posant, parfois, la question de l'enfant (chapitre 4),

Nous en conclurons que de tels couples appellent bénédiction !

* * *

---

[7] Madeleine Delbrêl, *Nous autres, gens de la rue*, Paris, Editions du Seuil, 1966 : « *Il y a des gens que Dieu prend et met à part ; il y en a d'autres qu'il laisse dans la masse, qu'il ne retire pas du monde. Ce sont des gens qui font un travail ordinaire. Ce sont des gens de la vie ordinaire, les gens que l'on rencontre dans n'importe quelle rue...Nous autres, gens de la rue, nous croyons de toutes nos forces que cette rue, que ce monde où Dieu nous a mis, est pour nous le lieu de notre sainteté* ».

PREMIER CHAPITRE

La rencontre amoureuse

Il parait certes assez facile aujourd'hui, du moins en Occident, de rencontrer une autre personne homosexuelle, par comparaison à l'époque où l'homosexualité était honteuse, cachée et pénalement répréhensible. Les bars maintenant nombreux dans les grandes villes, les sites internet, les nombreuses associations LGBT+[8], la parole plus libérée, facilitent sans doute les rencontres... au moins d'un moment.

Pour autant, il se trouve toujours des personnes homosexuelles, jeunes ou moins jeunes, qui n'ont pas accès à ces facilités pratiques : il n'existe pas partout des connexions internet accessibles, des bars à fréquenter, des associations proches ! Certaines personnes, par souci de discrétion ou par aversion de ces lieux, s'en abstiennent.

D'autres peuvent avoir peur d'aborder quelqu'un·e que ce soit pour flirter ou engager une relation plus profonde,

---

[8] LGBT+ = sigle couramment utilisé pour désigner les communautés lesbiennes, gays, bisexuels et transgenres, le + renvoyant à d'autres analogues (queers, intersexes etc...). Comme associations homosexuelles chrétiennes nationales en France, citons notamment, par ordre d'ancienneté, David et Jonathan, Devenir Un En Christ, la Communion Béthanie.

pour bien des raisons : ce peut-être par pudeur, par mal-être ou manque de confiance en soi ; par culpabilité d'origine religieuse ou autre ; par ignorance des « codes » et crainte de ne pas savoir comment faire ; par peur de ne pas savoir gérer ses émotions ; par appréhension d'être déçu·e par l'autre ou de tomber dans un traquenard ... surtout si une précédente rencontre s'était révélée plus ou moins insatisfaisante, voire traumatisante ! La première fois n'est-elle pas toujours empreinte d'inquiétude ? L'aveu de son homosexualité à soi-même, puis aux autres, reste encore difficile.

La rencontre amoureuse, si souvent désirée, constitue en réalité un évènement humain complexe[9], une aventure pouvant bouleverser toute la vie, pour le meilleur ... ou à l'autre extrême, pour le pire ! Trop colorée de romantisme, elle risque de n'avoir que des fruits amers. Authentique, elle peut générer au contraire une vie de couple harmonieuse, durable, féconde, sainte : nombre de couples homosexuels, visibles et engagés, en sont la preuve. Les enjeux humains sont donc importants.

Aussi lorsque le temps en est donné, est-il souhaitable de s'y préparer, d'en maîtriser les étapes et de les vivre comme un processus de croissance humaine. La foi chrétienne invite à les discerner sous le regard de Dieu, à les conforter par la grâce et les vertus notamment d'espérance et de charité. Une vie de couple chrétien est un appel à s'engager sur un chemin de vie évangélique, dans une histoire sainte.

---

[9] Pour une analyse sociologique et psychanalytique du choix du·de la partenaire, lire J-G. Lemaire, *Le couple : sa vie, sa mort*, Paris, Payot, 2005, 1ère partie, pages 41 et sv.

1. « L'avent » de la rencontre

Ce terme « avent », tiré du vocabulaire liturgique, semble tout à fait approprié pour caractériser la période qui précède la rencontre amoureuse et lui donner sa couleur propre.

Du latin « adventus » qui signifie « arrivée » « venue », le mot « avent » désigne la période de quatre semaines précédant Noël, pendant laquelle les fidèles sont invités tout à la fois à se rappeler l'espérance d'Israël en la venue du Messie, à préparer la célébration de la naissance de Jésus, l'accueil de la Parole de Dieu qui prend vie en chair humaine, à attendre enfin l'accomplissement des temps eschatologiques inaugurés par cette venue de Christ. Aussi sont-ils exhortés à désirer plus intensément que cela advienne, à prier à cette fin, à embrasser au quotidien une vie plus évangélique : désir, prière, conversion.

De manière analogue, « l'avent » de la rencontre amoureuse est attente qui excite et purifie le désir de la future rencontre, temps de prière pour l'accueillir comme don de Dieu, moment propice pour s'y préparer.

Désirer

Contrairement aux affirmations habituelles des « candidat·es » à la rencontre, désirer ne va pas de soi : affirmer en paroles son désir n'est pas encore le vivre profondément dans son cœur !

Le désir peut faillir par un manque de confiance en soi qui le paralyse plus ou moins et inconsciemment l'étouffe... voire même à cause d'un doute plus ou moins avoué sur son orientation affective. Il peut aussi y avoir hésitation en raison d'une culpabilité latente liée aux enseignements religieux reçus. Ou a fortiori quand une vocation religieuse ou sacerdotale interpelle, que le cœur balance entre l'amour humain ou l'amour exclusif pour Dieu. Il faut alors se donner le temps de la réflexion, avec l'accompagnement d'un tiers le cas échéant.

Par ailleurs la vie de célibataire, surtout si elle dure, risque toujours d'installer dans un certain confort égotiste où l'on prend l'habitude de n'en faire qu'à sa guise, selon son bon plaisir. Or la vie de couple fait perdre nécessairement son indépendance. Paradoxalement, le sentiment de frustration aussi peut nourrir un repli sur soi, pour s'éviter trop de souffrance.

Bien d'autres circonstances peuvent encore expliquer cette défaillance du désir ! Quoi qu'il en soit, il n'y a pas de rencontre possible sans sortie de soi, sans un désir fort de se laisser bousculer. Le désir de rencontrer l'élu·e de son cœur s'enracine et se fortifie dans le ressenti d'un manque, plus ou moins douloureux, qui met en marche. Désirons-nous vraiment ?

Mais que recherchons-nous, quel désir nous habite lorsque nous nous mettons à chercher, à « courir » après quelqu'un d'autre ?

Est-ce une rencontre pour nous conforter dans notre identité (homo)sexuelle ? Une rencontre furtive pour calmer le cri de notre corps ? Une rencontre pour apaiser l'angoisse de la solitude ? Une rencontre pour nous prouver que nous savons (encore) séduire et plaire ? Une rencontre pour nous retrouver en l'autre, nous y admirer peut-être, lorsque le besoin de reconnaissance est vif ? Une rencontre pour trouver une sécurité, de quelque nature qu'elle soit ? S'agit-il de satisfaire nos besoins, sexuels ou affectifs ?

Ou bien aspirons-nous à la rencontre pour vivre une relation amoureuse ? Et alors quel amour, pour quelle vie de couple, pour quelle durée, à quelles conditions ? Car « *le besoin d'une relation amoureuse ne se confond pas avec celui d'entrer dans une relation de couple. (...) Le couple est censé combler deux attentes, deux désirs, la relation amoureuse, celle qui nous constitue en tant qu'homme ou femme chacun dans le regard de l'autre, et la relation d'appartenance qui concerne l'ensemble qui réunit deux êtres face au monde extérieur, ce petit monde à deux, cette intimité protégée*[10] ».

Le coup de foudre ne garantit pas un avenir heureux. Sans taire la part de rêve qui embellit la vie, évitons les fausses attentes. Le prince charmant, la princesse idéalisée n'existent pas et le romantisme est plutôt mauvais conseiller ! Si nous attendons trop de l'autre, qu'il présente toutes les qualités dont nous l'avons pourvu dans nos rêves, il y a peu de chance qu'une rencontre fructueuse soit possible : trop souvent nous ne faisons alors que projeter notre moi idéal sur l'autre. De même encore, si notre propre quête affective est insatiable, grand est le risque que l'autre pressente ce désir trop envahissant et fuie une rencontre perçue comme potentiellement étouffante.

Ce désir, ces désirs, parfois puissants et même violents, nourrissent l'imaginaire et agitent l'âme, font éventuellement passer à l'action, mais sont souvent confus dans la conscience ! Ils appellent une élucidation et une purification.

---

[10] Robert Neuburger, *Le couple, la plus désirable et périlleuse des aventures*, Paris, Payot & Rivages, Petite Biblio Payot, 2014-15, pages 26 et 28. L'auteur vise la relation hétérosexuelle, mais ses observations psychologiques sont en général transposables aux couples homosexuels, car elles portent en réalité sur la qualité de la relation interpersonnelle.

En effet, la rencontre amoureuse de deux personnes (précisément, pour les croyants, parce qu'elles sont créatures uniques et aimées de Dieu telles qu'elles sont), ne peut aboutir à la formation d'un couple harmonieux et heureux que si elle est vécue entre un « je » et un « tu » dans la joie de partager leurs ressemblances et leurs différences. « *L'altérité c'est accepter un « tu » face à un « je ». C'est reconnaître que l'autre n'est pas moi et n'a pas à le devenir même si nous faisons route ensemble[11]* ». L'amour authentique ne consiste pas à donner ce que l'on a, par désir de combler ou d'être comblé, de séduire ou d'être séduit, ou même par esprit de sacrifice. C'est, au long d'une histoire partagée, donner tout ce que l'on est afin de permettre à l'autre d'être lui-même en plénitude.

Tel doit être l'objet du désir, si l'intention est bien de vouloir partager une longue route avec l'élu·e du cœur, de s'épanouir humainement et d'avancer en sainteté. Ce n'est certes pas d'emblée que l'on parviendra à un tel désir, qui sera encore et toujours à ajuster durant toute la vie de couple. Du moins est-il bon d'en avoir déjà conscience durant l'attente d'une rencontre amoureuse que l'on souhaite voir aboutir à une vie de couple.

Le temps du désir est souvent long, traversé de tâtonnements douloureux, de tentatives d'approches sans suite, de rencontres rêvées, maladroites ou décevantes, parfois désastreuses. C'est un temps d'attente et de recherche plus ou moins frustrante, en tout cas insatisfaisante. La prière doit habiter ce temps.

---

[11] Pierre-Marie Castaignos, *Est-ce lui ? Est-ce elle ?*, Paris, Salvator, 2019, page 15. Cet auteur aussi vise la relation hétérosexuelle, mais ses observations psychologiques sont en général transposables aux couples homosexuels, car elles portent en réalité sur la qualité de la relation interpersonnelle.

Prier

« Le Seigneur dit : il n'est pas bon pour l'homme d'être seul. Je veux lui faire une aide qui lui soit accordée. Le Seigneur Dieu modela du sol toute bête des champs et tout oiseau du ciel qu'il amena à l'homme pour voir comment il les désignerait. Tout ce que désigna l'homme avait pour nom « être vivant ». L'homme désigna par leur nom tout bétail, tout oiseau du ciel, toute bête des champs, mais pour lui-même, l'homme ne trouva pas l'aide qui lui soit accordée. Alors le Seigneur Dieu fit tomber dans une torpeur l'homme qui s'endormit; Il prit l'une de ses côtes puis referma les chairs à sa place. Le Seigneur Dieu transforma la côte qu'il avait prise à l'homme en une femme qu'il lui amena » (Genèse 2, 18-22).

Récit mythique à ne pas prendre à la lettre bien évidemment, mais qui nous transmet un message essentiel. Le sens du texte, c'est qu'Adam, l'être humain générique, ne se donne pas son vis-à-vis à lui-même, ne le choisit pas, ne le construit pas. D'une certaine manière, il ne le connaîtra jamais totalement. Ce vis-à-vis restera mystère, car c'est pendant son sommeil que celui-ci a été façonné. Invitation à respecter l'autre, à ne pas vouloir le posséder ou le modeler à son image. Seul Dieu sait ce qui convient à Adam et peut lui présenter un « vis-à-vis accordé » !

La rencontre est toujours don de Dieu, c'est Dieu qui « amène » l'autre à aimer. Certes Dieu agit au travers des médiations humaines et il est généralement possible de donner des explications rationnelles. Nous verrons du reste qu'il faut aussi discerner, après la rencontre, si c'est bien lui, si c'est bien elle, avec qui je suis appelé·e à faire histoire ! Pour autant, la rencontre amoureuse est don gratuit de Dieu, pure grâce de présentation qu'il conviendra d'accueillir comme telle et dont nous serons établis responsables.

Marie Balmary remarque pour sa part[12] que Dieu ne crée pas la femme « de rien » comme cela fût pour les autres créatures selon le récit de Genèse 1 : il ne la façonne pas à partir de la poussière du sol ni ne lui insuffle une haleine de vie. *« Ce n'est pas à partir de rien, ni à partir de la création qu'il va agir cette fois. Mais à partir de la créature, de l'humain lui-même, l'Adam. Et l'Adam dans un certain état psychique : Adam manquant - pas d'aide pour lui, et désirant...L'Adam cherche l'autre, l'être qui parle... Et cette torpeur, cette extase, est le chemin vers ce qu'il désire, et qui n'est pas encore. Ce qui n'existe pas encore vient de l'inconscience, de l'inconnaissance, de la nuit, du repos. Du non-savoir-vouloir-pouvoir. Le plus merveilleux, le plus proche, vient du moins conscient, du moins maîtrisé. L'être parlant viendra donc de l'être parlant, le Créateur ne fait que « bâtir en femme » ce qu'il a pris « du côté » ou « de la côte » (même mot en hébreu) d'Adam[13] »*. Ces remarques de Marie Balmary nous invitent ainsi à comprendre combien le don de Dieu est finalisé, ajusté, ciselé en fonction de ce qu'est chacun·e au plus profond de lui-même/d'elle-même. Don ajusté au plus authentique de ses désirs, celui de parler - énoncé d'amour - à celui/celle qui peut me parler - réponse d'amour -. Ceci afin de devenir l'un·e par l'autre pleinement humain·es et enfants de Dieu. La rencontre est parole créatrice d'un futur !

---

[12] Marie Balmary, *La Divine Origine*, Paris, Grasset & Fasquelle, biblio essais, 1993, pages 71 sv.
[13] ibidem pages 74 et 75.

C'est pourquoi la prière durant « l'avent de la rencontre » est essentielle. Elle affine et purifie le désir, l'authentifie en quelque sorte. Elle exhorte surtout et prépare à recevoir le·la partenaire comme le don par excellence de Dieu, comme la preuve même que Dieu nous aime, qu'il veut notre total accomplissement et notre bonheur. Elle est à la fois prière qui attise l'espérance du jour de la rencontre et prière d'action de grâce anticipée dans la foi que Dieu ne manquera pas à ses promesses.

Et pourtant ... il arrive que l'attente se prolonge et devienne cruelle, que la solitude et le manque crucifient douloureusement. Expérience du Dieu qui manque et déçoit l'attente du croyant[14] :

« Jusqu'à quand Seigneur ? M'oublieras-tu toujours ?
Jusqu'à quand me cacheras-tu ta face ?
Jusqu'à quand me mettrai-je en souci,
Le chagrin au cœur tout le jour ? (...)
Regarde, réponds-moi, Seigneur mon Dieu !
Laisse la lumière à mes yeux, sinon je m'endors dans la mort (...)
Moi, je compte sur ta fidélité » (Psaume 13(12), 1 à 3,4,6).

Comment trouver dans le désarroi un chemin qui permette d'accéder quand même à la grâce et maintenir la relation avec Dieu ?

La tentation peut être de faire procès à Dieu, comme Job. Mais il faut rappeler qu'à la fin de son épreuve, Job

---

[14] A ce sujet, lire M. Muller-Colard, *L'Autre Dieu, la Plainte, la Menace et la Grâce*, Genève, Labor et Fides, 2015 ; ou sur la souffrance du célibataire : Claire de Saint Lager, *Comme des colonnes sculptées, le célibat, chemin d'espérance*, Paris, Emmanuel, 2020, notamment chapitres 3 et 4, ou encore O. Bonnewijn, *J'existe : un autre regard sur les célibataires*, Paris, Emmanuel, 2020, notamment chapitre 5.

dialogue humblement avec Dieu en ces termes : « *- Je sais que tu peux tout et qu'aucun projet n'échappe à tes prises. - Qui est celui qui obscurcit mon projet sans rien connaître ? - Eh oui, j'ai abordé, sans le savoir, des mystères qui me confondent (Job 42,2-3).* »

Le Dieu de la Bible est à la fois le Très-Haut et le Tout-Proche. « *Pour le Seigneur, un jour est comme mille ans et mille ans comme un jour. Le Seigneur ne tarde pas à tenir sa promesse (...) mais il fait preuve de patience envers vous* » *(2 Pierre 3,8)*. « Patience » peut paraître un paradoxe provocateur ! Ce n'est pas que Dieu soit sadique, mais dans l'épreuve il nous est difficile de comprendre sa volonté, de croire encore et toujours qu'il veut notre bien, qu'il nous aime. Et s'il peut nous cacher sa face (Isaïe 64,6) il est aussi le Dieu-avec-nous, l'Emmanuel, celui qui nous délivre de nos angoisses et nous tire du gouffre des eaux profondes, comme le Psalmiste le chante si souvent. Il ne peut donc nous abandonner durant cet « avent de la rencontre ». C'est pourquoi l'attente prolongée doit interpeller. Elle invite à nous positionner autrement, sans culpabilité.

Il faut d'abord vérifier si notre prière de demande est suffisamment fervente et surtout si notre attente est bien orientée dans son objet : attente de l'être que, moi, j'imagine ... ou attente de celui/celle que Dieu voudra me présenter ? Suis-je prêt à me laisser surprendre ? Peut-être même que celui/celle qui m'est destiné·e n'est pas encore prêt·e à la rencontre et que je dois l'attendre? Moi-même, suis-je totalement préparé·e à la rencontre ? Est-ce que je compte trop sur mes propres forces ou est-ce que je m'en remets vraiment à Dieu ?

Au delà de ces premières questions, il faut oser se demander si je suis vraiment appelé·e à vivre en couple ou si Dieu me convie à une autre destinée, à une autre façon d'aimer ? Découvrir un Dieu au delà des lieux que les hommes lui assignent, entrer dans une quête obscure et une intranquillité acceptée[15], renoncer au bonheur ordinaire pour s'engager dans la voie mystique de *« ceux qui se sont eux-mêmes rendus eunuques à cause du Royaume des cieux » (Matthieu 19,12)*.

Ne soyons donc pas des Israélites à la nuque raide (Exode 32,9) : dans ces nuits douloureuses, il n'est d'autre attitude chrétienne que l'abandon total à la grâce du Dieu consolateur pour qu'il change la nuit en jour et nous conduise à sa paix ; faire confiance et si possible se décentrer du manque, en portant plutôt l'attention sur les autres dons de Dieu (paysages naturels, rencontres amicales, succès professionnels, etc...).

Se préparer

Se préparer, c'est tout d'abord faire effort de lucidité pour mieux se connaître et apprendre à s'aimer soi-même. Prendre conscience de ses capacités, de ses qualités, de ses vertus (vertu au sens premier de force) sur lesquelles il sera possible de s'appuyer pour pouvoir constituer « une aide accordée » pour l'autre. Les entretenir et les fortifier bien sûr ! Au fond, prendre soin de soi, humblement mais réellement, pour être « présentable » à l'autre sous son meilleur jour : il ne s'agit pas de séduire faussement, mais de se rendre aimable avec sincérité.

---

[15] M. Muller-Colard, *L'intranquillité,* Montrouge, Bayard, 2016.

C'est aussi reconnaître ses défauts et ses limites, élucider ses propres conditionnements : son enfance, son adolescence, sa vie de jeune adulte ont pu être difficiles et laisser des blessures. Pour les apaiser autant que faire se peut, il est bon de relire son histoire[16] et éventuellement de se faire aider par un professionnel ; de travailler ainsi à sa résilience. S'examiner avant de vivre à deux augmente les chances de réussite de son couple. Certes, en couple il faut apprendre à se (sup)porter l'un·e l'autre (Colossiens 3,13), mais l'un·e n'a pas à être thérapeute pour l'autre !

En tout état de cause, il y a toujours le poids des usages, des normes, bref toute la culture de sa famille d'origine. Mieux vaut les repérer, ne pas les prendre pour vérité absolue ; savoir distinguer l'essentiel du secondaire. Puis-je m'en libérer suffisamment ? Car l'autre aura une autre appartenance et apportera aussi ses propres us et coutumes : il faudra bien négocier un compromis !

Il serait enfin dommageable de se mal juger, de ne pas se croire capable de vivre en couple et manquer de confiance en soi au motif qu'on ne serait pas assez beau (ou sexy ?), assez intelligent ou assez riche, assez parfait, etc... Se dénigrer est catastrophique, pour soi-même et pour les autres.

Il faut au contraire apprendre à s'aimer avec ses faiblesses et ses forces, tout en gardant conscience que l'on est toujours perfectible ! *« L'acceptation de notre finitude est la condition pour que toute relation durable, en particulier le mariage, puisse s'ancrer dans un voyage au long cours. Le couple est l'union de deux pauvres ! Accepter de vivre une certaine indigence et incomplétude dans la rela-*

---

[16] Pierre-Marie Castaignos, *Se marier et Durer*, Paris, Salvator, 2012, pages 100 et sv.

tion amoureuse fait partie des conditions pour traverser paisiblement la vie commune. C'est là qu'intervient le discernement. Avec quelle pauvreté puis-je vivre ? Qu'est-ce qui ne m'est pas possible d'accepter et qui me sera intolérable ?[17] ».

L'équilibre se trouve en cultivant l'estime de soi. Comment en effet l'altérité, l'échange entre le « je » et le « tu », seraient-ils possibles sans cette estime de soi qui nous fait nous affirmer comme personne aimable quoique perfectible ? « *L'estime de soi se construit sur deux besoins fondamentaux : le sentiment d'être aimé et celui d'être compétent. Elle permet de se relier aux autres. Sans elle, nous devenons hypersensibles à toute critique ou désapprobation, nous nous heurtons à une image de nous-mêmes tantôt grandiose, tantôt insignifiante, incapables de trouver notre juste mesure (...) L'envie d'être aimé ne peut s'articuler que sur la reconnaissance de soi-même*[18] ».

La foi en un Dieu miséricordieux, qui nous aime inconditionnellement tout en nous invitant à avancer chaque jour plus loin sur un chemin de sainteté, est certainement une aide précieuse pour développer son estime de soi et garder ainsi la juste mesure entre humble lucidité et audace confiante en la vie.

---

[17] Pierre-Marie Castaignos, *Est-ce lui ? Est-ce elle ?*, Paris, Salvator, 2019, page 37-38.
[18] Serge Hefez avec Danièle Laufer, *La danse du couple,* Paris, Librairie Arthème Fayard, Collection Pluriel, 2010, pages 46-47. Les auteurs visent principalement la relation hétérosexuelle, mais leurs observations psychologiques sont en général transposables aux couples homosexuels, car elles portent en réalité sur la qualité de la relation interpersonnelle.

Une autre manière indispensable de se préparer à la rencontre est de développer au mieux ses capacités relationnelles, ses capacités d'écoute et d'objectivité.

Ainsi est-il possible de s'observer dans ses relations courantes (avec ses connaissances, ses amis, en groupe) pour prendre conscience de ses mécanismes psychiques de défense, parfois compliqués. Par exemple, rester dans le déni et « faire comme si », au lieu d'admettre et prendre en compte cette partie de soi-même que l'on n'aime pas. Ou bien projeter sur l'autre ses états d'âme -- fatigue, hostilité ou précisément ce qu'on n'aime pas de soi -- en les lui attribuant. Cela conduit toujours à fausser la relation. De même l'agressivité cache souvent le besoin d'avoir barre sur l'autre, de satisfaire sa toute-puissance. Il est classique de penser à la place de l'autre : de croire que l'on sait mieux que lui/elle ce qu'il·elle pense, ou ce qui lui convient. Bon moyen de dominer la personne et de la tenir dans sa dépendance ! Avant même de vivre en couple, il est souhaitable de constater en soi ces différents mécanismes[19] et tenter d'y remédier autant que faire se peut.

Cultiver en antidote certains comportements, certains réflexes, certaines pratiques langagières permet d'apporter du baume dans les relations ! La relation humaine se nourrit de la parole. Elle est d'autant plus riche que cette parole n'est pas vain bavardage (parler pour ne rien dire ... ou pour cacher son angoisse du vide, du silence) mais qu'elle communique un message qui a du poids : amour, compassion, fraternité etc. Mais ce peut être aussi la haine : quel message passe à travers notre parole, parfois malgré nous ?

---

[19] Ibidem pages 41-44.

La parole s'accompagne souvent de gestes qui peuvent signifier davantage que ce qui est dit, mais aussi révéler la pensée secrète et contredire le discours explicite. Car la parole s'enracine dans la chair qui peut crier ce que la parole tente de celer. L'autre ne s'y trompe pas !

La relation interpersonnelle est dialogue, échange de paroles entrecoupées de silences si courts soient-ils : la relation est d'autant plus satisfaisante qu'elle est « aérée » par ces silences ... comme cela vaut en musique ! La parole se fait alors conversation, aller et retour de l'un·e à l'autre. L'absence de silence, l'absence d'échange énoncé-réponse, l'absence d'attention à l'autre c'est-à-dire d'attente de sa parole en retour, traduisent une relation déficitaire et souvent l'emprise de l'un·e sur l'autre : la parole doit signifier une promesse de vie pour l'autre.

Cet art de la relation n'est pas propre à la vie de couple, mais y progresser est gage d'une vie à deux plus harmonieuse et plus sereine.

Enfin se préparer, c'est veiller afin de ne pas passer à côté de celui/celle qui nous est destiné·e. Si sa représentation imaginée, idéalisée, se fait trop obsédante, le risque est de devenir aveugle et d'attendre indéfiniment l'idole que nous nous serons fabriquée. Il s'agit au contraire d'être attentif aux signes de l'Esprit, d'être pleinement éveillé quand Dieu passe pour nous « présenter » l'élu·e qu'il nous a réservé·e. Car Dieu est discret, présent dans « la voix de fin silence » (1 Rois 19,12).

Ses grâces en effet souvent surprennent et déroutent. Rappelons ici le récit de l'onction royale de David par Samuel (1 Samuel 16,1-13). Tout prophète qu'il était, Samuel se faisait une idée préconçue du roi qu'il fallait à

Israël ; en voyant l'aîné des fils de Jessé, il se dit que celui-ci était certainement l'élu de Dieu. Or Dieu lui répond : « *Ne considère pas son apparence, ni sa haute taille. Je le rejette. Il ne s'agit pas ici de ce que voient les hommes : les hommes voient ce qui leur saute aux yeux, mais le Seigneur voit le cœur* » *(16,7).* Et Jessé présentera en vain sept de ses fils avant de faire appeler David, le plus jeune, le plus faible, occupé à faire paître le troupeau... Alors le Seigneur dit à Samuel : « *Lève-toi, donne-lui l'onction, c'est lui !* » *(16,12).*

Jésus invite souvent le disciple à la vigilance, à la veille pour attendre l'époux qui doit revenir : « *Veillez donc car vous ne savez ni le jour ni l'heure* » *(Matthieu 25,12)* . L'évangéliste évoque bien sûr le retour du Christ à la fin des temps. Mais c'est une disposition du cœur analogue qu'il faut développer : car il s'agit dans les deux cas de l'attente d'un évènement qui doit bouleverser notre vie. Ne pas passer à côté de la rencontre suppose d'être toujours en éveil, attentif aux signes de l'Esprit saint, de ne pas se laisser accaparer par les fausses apparences ou les a priori trompeurs.

« L'avent de la rencontre » n'est donc pas une attente stérile, un temps mort. De durée variable selon l'âge, l'expérience de chaque personne ou encore les circonstances de la vie, ce temps, à vivre sous le regard de Dieu, est déjà tension de tout l'être vers l'amour, recherche ardente qui fait sortir de soi et met en mouvement. Attendre, c'est déjà aimer celui/celle que Dieu nous « présentera », c'est le·la chercher activement, être aux aguets : est-celui-ci, celui-là, celle-ci, celle-là ?

« *Sur ma couche, la nuit, j'ai cherché celui que mon cœur aime.*

Je l'ai cherché, je ne l'ai pas trouvé.
Je me lèverai, je parcourrai la ville.
Dans les rues et les marchés,
Je chercherai celui que mon cœur aime.
Je l'ai cherché, je ne l'ai pas trouvé.
Les gardes, ceux qui circulent dans la ville m'ont rencontrée.
« Avez-vous vu celui que mon cœur aime ?
A peine les avais-je dépassés,
J'ai trouvé celui que mon cœur aime.
Je l'ai saisi, je ne le lâcherai point ... » (Cantique des Cantiques 3,1-4)[20].

2. Le ravissement amoureux

L'expression est de Jérôme Courduriès[21] et traduit bien tout le bouleversement qu'opère la rencontre amoureuse. Les circonstances en sont extrêmement variables. Mais l'élément constant en est l'émerveillement et la joie qu'elle suscite. Ce qui n'exclut pas des zones d'ombres. Pour autant, la rencontre est promesse de vie, un moment essentiel, fondateur, qui appelle action de grâce et qu'il faut « *retenir dans son cœur* » (cf Luc 2,51).

Les circonstances de la rencontre

Il y a bien sûr le coup de foudre soudain, le flash très romantique, entre personnes qui ne se connaissaient pas. Sa connotation est plutôt positive dans l'imaginaire collectif et la littérature en propose de multiples versions !

---

[20] Dans la traduction de Jean-Yves Leloup, Paris, Presse du Châtelet, 2017.
[21] Jérôme Courduriès, *Etre en couple (gay) - Conjugalité et homosexualité masculine en France*, Lyon, Presses universitaires de Lyon, 2011, page 34.

Ce peut être aussi un lien de sympathie ou d'amitié parfois ancien, qui s'approfondit et nourrit des confidences réciproques ; puis un jour l'évidence apparaît à l'un·e, puis à l'autre, ou aux deux en même temps : vraiment nous sommes fait·es l'un·e pour l'autre !

C'est parfois aussi à la suite d'une relation sexuelle a priori sans lendemain que se concrétise inopinément une attirance physique, intellectuelle et émotionnelle réciproque.

Il arrive même que le choc amoureux opère la prise de conscience de son homosexualité, quand le désir a été jusque là refoulé : c'est assez fréquent chez des personnes d'âge mûr qui pouvaient ressentir jusque là un mal-être plus ou moins lourd à vivre.

Parfois aussi les personnes sont déjà engagées dans des liens matrimoniaux ou des vœux religieux : la rencontre provoque alors de douloureux débats de conscience.

La rencontre advient tantôt après un long temps d'attente, dont nous avons vu comment il pouvait être mis à profit : elle est alors fruit d'une persévérante espérance. Mais tantôt elle survient alors que l'on ne s'y attendait pas... ou plus ! Sa préparation se fond alors avec le lent processus de maturation humaine à la faveur de l'âge.

Quoi qu'il en soit, la rencontre amoureuse provoque un émerveillement qui bouleverse les amant·es.

L'émerveillement

« Le Seigneur Dieu transforma la côte qu'il avait prise à l'homme en une femme qu'il lui amena. L'homme s'écria : – Voici cette fois l'os de mes os et la chair de ma chair, celle-ci, on l'appellera femme (Ishsha) car c'est de l'homme (Ish) qu'elle a été prise » (Genèse 2, 22-23).

Cri d'admiration, d'émerveillement face à cet être à la fois semblable (os *provenant* de mes os) et différent, digne d'un nom spécifique (on l'appellera *femme*). Cette parole de reconnaissance du « vis-à-vis accordé » (Genèse 2,18) fait advenir chacun en sa spécificité (Ishsha/Ish) et invite au dialogue amoureux : Adam, « le glaiseux » devenu Ish, est comblé. C'est un éblouissement joyeux qui lui donne le sentiment d'un supplément de vie !

Un dialogue passionné, jubilatoire, s'installe et l'on sait combien les amants, oublieux de tout ce qui les entoure, peuvent décliner à l'infini leurs mots d'amour.

« Te voici ! Tu es belle, mon amie, que tu es belle! Tes yeux sont des colombes ! - Te voici ! Tu es beau, mon amour, que tu es beau, doux aussi ! » (Cantique des Cantiques 1,15-16)[22].

L'émerveillement est source d'une joie qui inonde, irradie toute la personne, faisant naître un fort désir d'attachement. Les amant·es voudraient être toujours ensemble ! C'est un enthousiasme qui donne l'illusion d'une force redoublée et d'une vie dilatée. L'autre focalise toute l'attention, envahit toute la personne et devient l'objet total du désir. L'être est bouleversé, au sens propre.

Cette émotion première peut s'accompagner d'une mystérieuse évidence : c'est lui, c'est elle que je cherchais. Michel de Montaigne[23] l'a magnifiquement exprimée : *« Si on me presse de dire pourquoi de l'aimais, je sens que cela ne se peut exprimer qu'en répondant parce que*

---

[22] Dans la traduction de Jean-Yves Leloup, Paris, Presse du Châtelet, 2017.
[23] Michel de Montaigne, *Essais* chapitre 28 *De l'Amitié*, in michel.balmont.free/pedago/argument/ /montaigne/html . Nous citons le texte pour lui-même, sans prendre parti sur la nature exacte de la relation vécue entre Montaigne et La Boétie. Sur ce débat, lire Jean-Luc Henning, *De l'extrême amitié*, Paris, L'infini NRF Gallimard, 2015.

c'était lui, parce que c'était moi.... Nous nous cherchions avant que de nous être vus, et par des rapports que nous oyions l'un de l'autre, qui faisaient en notre affection plus d'effort que ne porte la raison des rapports, je crois par quelque ordonnance du ciel ; nous nous embrassions par nos noms. Et à notre première rencontre, qui fut par hasard en une grande fête et compagnie de ville, nous nous trouvâmes si pris, si connus, si obligés entre nous, que rien dès lors ne nous fut si proche que l'un à l'autre. »
Même si cette évidence peut avoir une part de reconstruction dans un récit a posteriori[24], elle est inséparable de la rencontre amoureuse : elle traduit le désir d'attachement et la distingue de la simple rencontre de plaisir ; elle lui donne une énergie incomparable.

Les zones d'ombre

Chez certaines personnalités l'émerveillement se métamorphose parfois en passion amoureuse un peu « folle »[25] : sentiment d'euphorie, d'excitation inhabituelle et de dépendance réciproque, désir brutal de fusion, de compénétration, d'intimité possessive, parfois une sexualité exacerbée. C'est un mouvement irrépressible de l'un·e vers l'autre, une soif inextinguible de l'autre, une volonté de « posséder » l'autre et de « mettre la main » sur lui/elle. L'attirance physique joue un rôle important, avec le besoin de toucher, d'embrasser, de caresser, d'enlacer, de pénétrer et de posséder sexuellement. La séparation physique,

---

[24] Jérôme Courdurès évoque cette part de reconstruction dans le récit de la rencontre. cf *Etre en couple (gay) - Conjugalité et homosexualité masculine en France*, Lyon, Presses universitaires de Lyon, 2011, pages 36 et sv.
[25] cf Yvon Dallaire, *Qui sont ces couples heureux ?*, Le livre de poche (option santé), 2008, n°10032, pages 50 et sv.

même brève, peut se révéler alors souffrance insupportable, inconsolable. La connivence ne fait pas seulement vibrer les amant·es à l'unisson mais devient une forme de dévoration : désir de savoir tout sur l'autre, d'entrer dans son intimité, de tout partager dans une transparence totale. La limite protectrice de chaque personne est violée.

Cette passion amoureuse se caractérise aussi par une forte tendance à idéaliser la personne aimée : Stendhal avait remarqué qu'il suffisait de penser à une perfection pour la voir dans ce qu'on aime, ce qu'il avait appelé la cristallisation[26]. La vérité de chacun·e n'est plus, la réalité est oubliée !

Les amants finalement fusionnent. Ainsi, « *Les amoureux ont les mêmes idées, les mêmes lectures, les mêmes goûts, les mêmes activités et font parfois les mêmes études. Ils se communiquent leurs pensées et chacun découvre des similitudes chez l'autre. Ils cherchent de la ressemblance et en produisent. La découverte de ces ressemblances, plutôt que des différences, constitue leur principale source d'énergie et de satisfaction commune*[27] ».

C'est comme si chacun·e voulait compenser son manque par l'accaparement de l'autre. Le couple risque alors rapidement de n'être plus qu'une dyade fermée sur elle-même dans un rapport de fascination, dans un jeu de miroir où chacun·e veut être pareil à l'autre, avec tous les risques de régression et d'épuisement. Ou bien surgit un fort sentiment possessif à l'égard de l'autre qui peut générer une sorte de solitude où chacun·e parle à l'autre sans vraiment l'écouter : le risque est alors celui d'un double

---

[26] Stendhal, *De l'amour*, publié en 1822.
[27] Serge Hefez avec Danièle Laufer, *La danse du couple*, Paris, Librairie Arthème Fayard, Collection Pluriel, 2010, page 56.

discours plus ou moins solipsiste. Le couple est finalement un faux couple. Et Dieu devient le grand oublié : aucune place n'est réservée à une prière d'action de grâce pour remercier de la rencontre et de l'émerveillement ressenti[28] !

Ces sentiments ou attitudes sont autant d'excès qui ruinent finalement toute possibilité de construire un amour authentique !

En ce sens, le récit de la Genèse 2,15-23 est instructif. Dieu donne à Adam tous les arbres du jardin à manger, sauf celui de la connaissance de ce qui est bon ou mauvais, sous peine de mort. C'est donc qu'il existe une chose d'un autre ordre, un fruit autre que les fruits issus de la nature, qu'il ne faut pas manger. Une interprétation possible[29], c'est qu'il est interdit de dévorer l'autre en voulant le connaître entièrement ; de se l'approprier, au lieu de l'apprivoiser en le tenant à distance pour lui permettre d'exister et de parler. L'interdit de manger a pour fonction d'être le séparateur qui évite la confusion mortifère, tandis que l'action de grâce pour le don reçu pose Dieu en tiers garant de l'existence propre de chacun·e.

Il est remarquable qu'en Genèse 2, 22-23 si Adam s'émerveille devant l'être qui lui est présenté, il en parle mais sans lui parler : « *Celle-ci, on l'appellera femme (Ishsha) car c'est de l'homme (Ish) qu'elle a été prise* ». Le texte ne mentionne aucune parole de la femme. Peut-être parce que l'homme parle tout seul, en maître, sans s'adresser à cette femme qui pourtant l'émerveille. Quelle place lui laisse-t-il ? De fait, Ishsha ne parlera pour la

---

[28] Anne-Marie Pelletier relève la proximité entre non-respect de la limite, révolte contre Dieu et violence entre les sexes. in *L'Eglise, des femmes avec des hommes*, Paris, Cerf, pages 68 et sv.
[29] En ce sens, Marie Balmary, *La Divine Origine*, Paris, Grasset & Fasquelle, biblio essais, 1993, pages 78 et sv.

première fois qu'avec le serpent ...(cf Genèse 3, récit de la tentation et du péché)[30].

Ainsi, pour être source de vie, l'émerveillement doit subir une sorte d'épreuve qui le transforme. Son « ardeur » peut être une étape indispensable à la formation du couple mais il doit rapidement laisser émerger un dialogue authentique entre un « je » et un « tu », tous deux existant sans confusion, renouvelés et enrichis. Nous y reviendrons.

Louange et promesse de vie

La rencontre amoureuse, nous l'avons dit, est don de Dieu. Il est important que le couple chrétien en soit conscient. Ce don invite en retour à l'action de grâce : au delà des médiations humaines ou des circonstances fortuites, c'est Dieu qui « présente » l'autre à aimer, qui donne « l'aide accordée » permettant de ne pas s'enfermer dans la solitude mortifère (cf Genèse 2,18 et 22).

Par sa louange, le couple exprime donc tout d'abord sa reconnaissance joyeuse de la bonté de Dieu, manifestée par ce don de la rencontre. Mais plus profondément, sa louange exprime aussi l'émerveillement réciproque devant cette autre personne singulière et unique, aimée en premier par Dieu depuis l'origine du monde. Dans sa prière, le couple comprend alors que Dieu confie l'un·e à l'autre, qu'il les rend responsables l'un·e de l'autre et les établit en « vis-à-vis » chargé de prendre soin de l'autre. Le couple se reconnaît ainsi béni de Dieu pour ce futur que le Seigneur lui ouvre, pour cette invitation à vivre ensemble une histoire sainte d'amour.

---

[30] Lire aussi le commentaire d'André Wénin, *D'Adam à Abraham ou les errances de l'humain*, Lire la Bible, Cerf, 2013, notamment pages 76 et sv.

La rencontre amoureuse est l'occasion pour tout couple d'inaugurer la construction d'un récit mythique qui l'aidera tout au long de son histoire. Le mythe n'est pas quelque chose d'imaginaire mais une histoire fondatrice dont on oublie l'origine et qui donne sens à ce que l'on vit. Le récit des origines est essentiel : les circonstances de la rencontre apparaissent toujours extraordinaires aux amant·es et c'est cela qui les engage en quelque sorte, qui fonde l'évidence d'être faits l'un·e pour l'autre. « *Ce qui pourrait paraître anodin pour le commun des mortels prend, pour le couple, un aspect mythique. On voit des signes du destin partout, on prête une dimension magique à des circonstances qui auraient très bien pu ne pas avoir lieu mais qui, finalement, semblent nous conforter dans cette idée qu'il était impossible d'y échapper, que la rencontre était inscrite dans une sorte de destinée[31]* ».

Dans la foi, le couple chrétien reconnaît l'action de la Providence à travers les circonstances de sa formation. En son cœur, il les médite et les relie pour construire son récit mythique, qu'il pourra par la suite reprendre et compléter pour renforcer son engagement. La rencontre est ainsi promesse de vie, promesse de construire une histoire ensemble au cours de laquelle Dieu continuera à manifester son amour.

3. L'engagement mutuel

Le ravissement amoureux et le sentiment d'évidence, même ressentis dans la prière, ne suffisent pas car l'être humain n'est pas qu'émotion. La prière elle-même peut

---

[31] Serge Hefez avec Danièle Laufer, *La danse du couple*, Paris, Librairie Arthème Fayard, Collection Pluriel, 2010, page 144.

être faussée par le désir et ne met pas toujours à l'abri de l'illusion. La raison doit aussi pouvoir affirmer la rencontre amoureuse et apporter l'assise qui conforte le sentiment : si l'on veut construire un couple solide, il faut s'asseoir pour discerner, tel le bâtisseur de tour (cf Luc 14,28-30)[32] : est-ce lui ? est-ce elle ? L'engagement mutuel pourra ensuite être pris dans la sérénité.

Discerner

C'est apprendre à se connaître mutuellement. Les couples homosexuels parlent rarement de fiançailles : pour autant ils doivent savoir prendre le temps de ce discernement, même s'il peut être très variable selon les personnes et les circonstances. En son absence, le risque, voire le piège, « *c'est de vouloir garder la félicité émotionnelle de la fusion qui se terminera tôt ou tard par une relation dominant-dominé avec l'un des partenaires qui est prêt à se sur-adapter à l'autre pour ne pas le perdre. Le dominé se conformera de plus en plus à celui qui est en position haute dans le couple pensant ainsi satisfaire ses besoins et sécuriser la relation. C'est l'inverse qui se passe et un cercle vicieux s'installe : plus tu me fuis, plus je te suis et plus tu me suis, plus je te fuis*[33] ».

Le discernement porte principalement sur les attentes mutuelles pour vérifier si elles sont compatibles et convergentes. Les questions qui, avant la rencontre, étaient à se

---

[32] « *Lequel d'entre vous, quand il veut bâtir une tour, ne commence par s'asseoir pour calculer la dépense et juger s'il a de quoi aller jusqu'au bout ? Autrement, s'il pose les fondations sans pouvoir terminer, tous ceux qui le verront se mettront à se moquer de lui et diront : voilà un homme qui a commencé à bâtir et qui n'a pas pu terminer* » Luc 14,28-30.
[33] Pierre-Marie Castaignos, *Est-ce lui ? Est-ce elle ?*, Paris, Salvator, 2019, page 17.

poser dans l'intime de son cœur, sont donc alors à reprendre ... mais cette fois à deux !

Avons-nous le même désir de respecter nos différences, de mettre l'autre au centre de sa vie tout en restant soi ? De donner tout ce que nous sommes pour vivre une histoire d'amour aussi harmonieuse que possible, de nous engager sur une longue route où chacun·e fera l'effort nécessaire pour y parvenir ? Et en sommes-nous capables ?

Cela suppose d'abord d'observer les comportements concrets de chacun·e. Quelles sont nos attitudes d'écoute, de délicatesse et de respect, nos capacités à faire confiance ? Ou au contraire quelles sont nos propensions à l'autoritarisme, à la suspicion, non seulement au sein du couple mais aussi avec les autres. Ces dernières façons d'être, non tempérées par le sentiment amoureux, sont du reste probablement plus éclairantes sur la personnalité véritable !

De même, les ressemblances sont-elles constructives, aptes à se mutualiser et faire grandir ... ou risquent-elles d'être des défauts communs faisant cercles vicieux ? Si par exemple, chacun·e est colérique, la vie commune risque d'être tempétueuse, éventuellement de devenir invivable !

Quelle place accordons-nous à la beauté physique et à la sexualité ? Au début de la relation, l'attirance sexuelle joue un rôle important, et c'est bien qu'il en soit ainsi : le corps soutient le sentiment amoureux que l'attirance des cœurs a fait naître. Mais réduisons-nous l'autre à cette attirance physique qu'il·elle éveille en nous ... ou sommes-nous aussi, voire davantage, sensibles à sa beauté morale, à sa droiture et sa loyauté ?

Quel regard portons-nous sur nos histoires familiales, le cas échéant nos expériences de couple antérieures et les raisons pour lesquelles elles ont pris fin. Quelles capacités de distance et de renouveau avons-nous par rapport à ces histoires ?

Et quelle est la place de nos appartenances culturelles, de nos convictions, de nos croyances notamment religieuses ? Les disparités fortes seront inévitablement lourdes à vivre avec le temps.

Par ailleurs, outre le sentiment amoureux, la relation de couple répond à un désir d'appartenance, de construire une « maison-couple » censée procurer sécurité et protection[34]. Quel est le désir de vivre ensemble et qu'elle en est la possibilité pratique ? C'est pendant ce temps de discernement que le couple commence déjà à négocier, explicitement ou inconsciemment, le « contrat conjugal » qui fixe les premières règles de fonctionnement à deux et qui marque le contour des espaces de liberté et de dépendance. Question fondamentale que cet équilibre à trouver, qui accompagnera toute l'histoire du couple.

Ce discernement est questionnement à deux et non pas jugement des personnes. Il est certes prudent de vérifier la compatibilité des personnalités et des désirs, sinon le risque de déboire serait grand[35]. Pour autant discerner n'est pas comptabiliser les qualités et les défauts de chacun·e ... Il n'est pas nécessaire d'être parfait·es pour oser s'engager dans une relation durable ; l'engagement implique toujours une part de pari sur le futur ! La prudence

---

[34] Robert Neuburger, *Le couple, la plus désirable et périlleuse des aventures*, Paris, Payot & Rivages, Petite Biblio Payot, 2014-15, pages 35 et sv.
[35] Yvon Dallaire, *Qui sont ces couples heureux ?*, Le livre de poche (option santé), 2008, n° 10032, pages 246 et sv.

n'exclut pas la bienveillance, la confiance naturelle en ses propres capacités relationnelles, en la force pérenne du sentiment amoureux né de la rencontre, en l'audace qu'il suscite. L'histoire d'un couple est souvent faite de remises en cause, de crises et d'épreuves parfois douloureuses, qui le font progresser. L'essentiel est d'avoir discerné chez chacun·e la volonté d'avancer ensemble, de conduire cette histoire au plus loin.

Pour les chrétiens, ce discernement se fait sous l'inspiration de l'Esprit Saint qui est l'Amour éternel : c'est Lui qui révèle la vérité de l'amour éprouvé et qui éclaire le fond des cœurs. Il aide à reconnaître les signes providentiels en faveur de l'alliance envisagée... à condition de ne pas voir que ce qui arrange ! C'est Lui aussi qui affermit la vertu d'espérance et la confiance en Dieu. Car *« tout concourt au bien de ceux qui aiment Dieu » (Romains 8,28[36])*. Si la rencontre vient authentiquement de Dieu, elle ne peut que porter du fruit. Elle peut faire passer par la croix, par des chemins inattendus ou mystérieux, mais elle ne peut qu'être source de vie : il est heureux de s'engager mutuellement par amour !

S'engager

Vient le moment de l'engagement, plus ou moins solennel ou formalisé. Même si les couples homosexuels peuvent aujourd'hui se pacser ou se marier, l'engagement coïncide encore souvent avec l'installation sous le même toit. Celle-ci en effet revêt une grande force symbolique et constitue pour un grand nombre de couples un moment

---

[36] Autre traduction fréquente du texte grec : « *Dieu fait concourir toutes choses au bien de ceux qui l'aiment* »

essentiel[37]. En effet, c'est alors que la relation amoureuse permet à chacun·e de découvrir entièrement les joies et les difficultés de la vie commune au quotidien. C'est le moment aussi où le couple devient visible et opère une sorte de coming-out. En effet s'ensuit la présentation de l'élu·e aux parents, à la famille, aux amis : autant de moments forts.

L'engagement[38] ne consiste pas simplement à se redire, une fois de plus, que nous nous aimons. Sans doute faut-il aussi se méfier de la promesse romantique de « fidélité pour toujours » : que mettons-nous sous ces mots et comment savoir de quoi sera fait ce « pour toujours » ? La promesse n'est certes pas fausse mais, faute de contenu précis, elle risque de ne pas résister face aux difficultés de la vie rencontrées...

L'engagement, c'est plutôt la décision morale qui suit le jugement droit de la conscience : au terme de la période de discernement, les deux partenaires reconnaissent qu'ils·elles sont vraiment appelé·es à faire histoire ensemble dans un total respect mutuel. Un jour, dans leur échange amoureux, ils·elles osent se l'avouer. L'alliance est désormais nouée. Chacun·e s'engage à se sentir responsable de l'autre, à vouloir son bien et son bonheur, à agir en sa faveur selon tout son possible : obligation de moyen renforcée, dirait le juriste !

Croyant·es, c'est confesser que leur amour vient vraiment de Dieu et que Dieu les confie l'un·e à l'autre. Mesurant la difficulté, c'est prier et se confier à nouveau à la

---

[37] Jérôme Courduriès, *Etre en couple (gay) - Conjugalité et homosexualité masculine en France*, Lyon, Presses universitaires de Lyon, 2011, pages 61 et sv.

[38] Pierre-Marie Castaignos y consacre tout le chapitre 7 de *Est-ce lui ? Est-ce elle ?*, Paris, Salvator, 2019.

grâce de Dieu pour y parvenir : « *Que le Seigneur achève ce qu'il a commencé en nous faisant nous rencontrer[39]* ».

Cet engagement d'alliance a une dimension pascale : il faut mourir à sa vie passée, solitaire mais indépendante et avec son (relatif) confort égotiste, pour ressusciter à une vie nouvelle à deux, qui reste à inventer. Dire que la rencontre est don de Dieu ne signifie pas en effet que l'attachement de l'un·e à l'autre va pouvoir se vivre en toute facilité, automatiquement et sans effort ! La rencontre est celle de deux personnes appelées à se convertir et qui réussiront leur vie de couple si elles apprennent à se connaître, à accueillir leurs fragilités réciproques, si elles s'engagent à rester dans la main du Seigneur. La vie de couple exige une conversion permanente[40].

Cette dimension pascale se traduit d'une part par une rupture avec le passé : à la fiancée qui rejoint son roi pour l'épouser, le psalmiste donne ce conseil : « *Oublie ma fille ! regarde et tends l'oreille, oublie ton peuple et ta famille ; que le roi s'éprenne de ta beauté ! c'est lui ton Seigneur* » (Psaume 44 (43),11). Cela ne signifie pas renoncer à ce que je suis fondamentalement, mais exige d'abandonner les modes de vie passés, y compris liés à la culture familiale, pour en construire un nouveau avec son partenaire : « *à vin nouveau, outres neuves* » (Marc 2,22).

Cette dimension pascale est d'autre part promesse d'une vie nouvelle : il s'agit de passer du « Je » au « Nous », de se décentrer, de donner priorité à cette nou-

---

[39] Prière librement inspirée du rituel de l'engagement des frères dominicains dans la vie religieuse.
[40] Pierre Marie Castaignos, *Se marier et durer*, Paris, Salvator, 2012, pages 21 et sv.

velle vie en couple, de s'abandonner à l'inconnu et faire confiance : « *Le Seigneur dit à Abram[41] :*
– pars de ton pays, de ta famille et de la maison de ton père vers le pays que je te ferai voir » *(Genèse 12,1).*

Ainsi, ce sont deux vies qui s'arriment l'une à l'autre sous le regard de Dieu pour poursuivre désormais ensemble un chemin de conversion et de sanctification qui les conduira à leur épanouissement humain et spirituel. Après avoir relaté le cri d'émerveillement d'Adam, l'auteur biblique précise : « *Aussi l'homme laisse-t-il son père et sa mère pour s'attacher à sa femme et ils deviennent une seule chair* » *(Genèse 2, 24).*

Jésus reprenant cette parole, ajoute : « *Ainsi ils ne seront plus deux mais une seule chair. Que l'homme donc ne sépare pas ce que Dieu a uni* » *(Matthieu 19,6--Marc 10,8-9).* Dans la Bible, « chair » signifie tout l'être humain avec toute sa personnalité et non pas simplement le corps : cette parole n'évoque donc pas seulement l'union sexuelle mais bien plutôt l'union des personnes dans leur totalité. L'engagement mutuel exprime le don réciproque des personnes, corps/cœur/esprit, la promesse d'une confiance réciproque inconditionnelle, l'abandon à la grâce de Dieu pour écrire ensemble une page nouvelle de vie.

Bien des personnes homosexuelles, même chrétiennes, répugnent à parler de l'indissolubilité de leur union (comme du reste certains couples catholiques hétérosexuels mariés !) Pour autant, quand elles s'engagent l'une vis-à-vis de l'autre au sens de faire alliance, elles espèrent réellement durer dans leur vie de couple et pressentent que cette durée est effectivement la clef du bonheur auquel

---

[41] Abram ... qui recevra de Dieu le nom d'Abraham lors de la conclusion de l'Alliance (Genèse 17).

elles aspirent, la condition d'un chemin de sainteté possible.

* * *

L'amour est fort et créatif, la vie de couple ouvre un futur renouvelé : chemin d'épanouissement humain et spirituel, mais chemin qu'il n'est pas toujours simple de parcourir au fil des jours. La volonté et beaucoup d'amour, la prière et l'abandon à la grâce de Dieu, en assurent la réussite. C'est ce qu'il nous faut maintenant explorer.

* * *

DEUXIÈME CHAPITRE

Au fil des jours, apprendre à s'aimer

Il est classique de distinguer plusieurs types d'amour : *éros*, l'attirance sexuelle, le premier pas qui permet d'aller plus loin dans la relation amoureuse en se laissant séduire par les qualités de l'autre ; *philia*, l'amour d'amitié qui anime la recherche bienveillante du bonheur dans l'échange mutuel ; *agapè*, l'amour de charité qui dépasse toute recherche d'intérêt personnel pour se donner totalement à l'autre. Dans le concret, ces amours s'entrecroisent et sont appelées à devenir progressivement les facettes d'un unique amour.

L'amour authentique suppose un vrai travail sur soi. « Il se travaille », en ce sens qu'il exige, pour pouvoir durer, un parcours de croissance et d'unification. C'est ce processus de maturation de l'amour, « travail de l'amour », qui permet progressivement l'éclosion du bonheur de vivre ensemble. La vie de couple est un chemin pascal, une histoire de salut où les fragilités initiales, avec la grâce du don de Dieu, font progressivement place à une réalité belle et solide.

Par contre céder à des attentes immédiates trop élevées sur la vie à deux, dans une sorte de quête impatiente du bonheur, peut conduire à la déception lorsque la réalité s'avère plus difficile que ce qu'on avait rêvé. Ainsi que le rappelle le pape François, la tentation peut être de penser rapidement à la séparation, en croyant s'être trompé·e sur le·la partenaire, alors qu'il faut concevoir la vie de couple comme un chemin de maturation, où chacun·e est instrument de Dieu pour faire grandir l'autre. Et « *faire grandir, c'est aider l'autre à se mouler dans sa propre identité. Voilà pourquoi l'amour est artisanal*[42] ».

A l'origine, et le plus souvent aujourd'hui, « *la passion est le ciment du couple. Ce credo s'est sournoisement installé dans notre culture. Nous en sommes tous empreints. Rendons-nous tout de même à l'évidence : si la passion amoureuse permet sans aucun doute de sceller une relation très intense entre un homme et une femme, entre deux hommes ou deux femmes, elle ne facilite pas pour autant son évolution et sa stabilisation. Tous ceux qui l'ont vécue savent bien que la passion amoureuse est tout, sauf un facteur de stabilité...*[43] ». C'est que la personne en mal de passion est trop repliée sur elle-même dans la quête d'un épanouissement personnel qui l'enferme à son insu dans la solitude : croyant vivre l'idéal de l'amour, elle « consomme » en réalité l'autre ... jusqu'à l'épuisement des plaisirs que cet autre peut lui donner. C'est alors la rupture, douloureuse au prorata de l'investissement engagé ... jusqu'à ce qu'une nouvelle quête soit entreprise, sans plus de succès probable. C'est bien le lot d'un certain nombre de stars dont les « ex-

---

[42] Pape François, Exhortation apostolique post-synodale *Amoris Laetitia - La joie de l'amour*, n° 221.
[43] Serge Hefez avec Danièle Laufer, *La danse du couple*, Paris, Librairie Arthème Fayard, Collection Pluriel, 2010, page 52.

ploits » nourrissent les médias spécialisés ... Plus communément, c'est aussi de cette manière que l'addiction sexuelle peut s'installer chez certain·es homosexuel·elles : le chemin vers une vie de couple authentique et heureuse leur reste alors souvent fermé. « *La passion ne dure que quelques heures, ou, tout au plus, deux ou trois ans. L'amour peut durer toute une vie, si on y met les efforts nécessaires et qu'on accepte de se remettre régulièrement en question[44]* ».

Nous l'avons déjà dit, il faut donc sortir dès que possible de cette première phase de l'amour-passion, caractérisée par « l'illusion duelle » où chacun s'identifie à l'autre[45], pour trouver la bonne distance, cultiver l'altérité qui permet le respect mutuel, tisser progressivement les fils de l'alliance, entrer progressivement dans le mystère de la personne de l'autre, unique. Saint-Exupéry dit « s'apprivoiser » : « *Qu'est-ce que signifie «apprivoiser»? – C'est une chose trop oubliée, dit le renard. Ça signifie «créer des liens» – Créer des liens ? – Bien sûr, dit le renard. Tu n'es encore pour moi qu'un petit garçon tout semblable à cent mille petits garçons. Et je n'ai pas besoin de toi. Et tu n'as pas besoin de moi non plus. Je ne suis pour toi qu'un renard semblable à cent mille renards. Mais, si tu m'apprivoises, nous aurons besoin l'un de l'autre. Tu seras pour moi unique au monde. Je serai pour*

---

[44] Yvon Dallaire, *Qui sont ces couples heureux ?*, Le livre de poche (option santé), 2008, n° 10032, page 60. Lire l'ensemble du chapitre 2 *Amour et passion*, pages 49 et sv.
[45] Serge Hefez avec Danièle Laufer, *La danse du couple*, Paris, Librairie Arthème Fayard, Collection Pluriel, 2010, pages 56 sv -- Lire aussi Yvon Dallaire, *Qui sont ces couples heureux ?*, Le livre de poche (option santé), 2008, n° 10032, pages 143 et sv.

*toi unique au monde*⁴⁶ ». Cet apprivoisement de la personne aimée permet la croissance de la tendresse qui est le signe du véritable amour parce qu'elle respecte son altérité.

Comment se réalise ce « travail de l'amour » ? La vie sexuelle est le premier lieu de cet apprentissage, sans doute parce que l'attrait sexuel est le plus souvent à l'origine du sentiment amoureux et que la maîtrise des pulsions sexuelles est la condition d'une unification entre le corps, le cœur et l'esprit.

Mais il s'agit aussi de s'apprivoiser au quotidien : la vie à deux est conjugaison de deux personnalités qui doivent apprendre à se découvrir, à dire nous, à se faire confiance, à régler les problèmes pratiques d'une cohabitation, à construire des projets. L'amitié conjugale peut alors se développer, une sorte de joie contemplative s'intensifier, une ouverture sur le monde s'opérer⁴⁷. L'alliance se spiritualise et se vit pleinement devant Dieu.

1. Une sexualité à humaniser

La sexualité est une force venant du tréfonds de l'être qui ouvre à une expérience de jouissance fascinante : elle peut faire peur, tout en suscitant le désir puissant de sa réitération. Au gré de la pulsion, elle nous découvre à la fois attiré·es et attirant·es, puissant·es et vulnérables. La sexualité est ambiguë et se révèle toujours chargée d'une violence latente qui peut se déchaîner soudainement. C'est

---

[46] Saint Exupéry, *Le Petit Prince*, Paris, Gallimard (folio n° 3200), au chapitre XXI.
[47] Yvon Dallaire, *Qui sont ces couples heureux ?* Le livre de poche (option santé), 2008, n° 10032, cf le chapitre 3 *Les cinq étapes de l'évolution d'un couple heureux*, pages 62 et sv.

la force brutale de la vie, partagée avec le monde animal mais que nous devons humaniser en la transfigurant au service de l'amour.

En effet, nous avons été créés en l'image de Dieu, porteurs de son souffle de vie mais mâles ou femelles[48]. Notre vocation est de dépasser notre animalité et de devenir des hommes et des femmes en vivant une relation d'amour dans le respect de notre altérité. Vivre ainsi une communion des personnes à la ressemblance de la communion des personnes divines[49]. C'est pourquoi la sexualité est un lieu majeur qui invite à entrer sur ce chemin.

Comment peut-elle être convertie au service d'un amour qui féconde la Vie ? Entendons la Vie comme l'épanouissement intégral du couple, son dynamisme, sa joie, et pas seulement la reproduction d'un petit d'homme. Il est du reste remarquable que dans le cas d'un couple homosexuel, la fonction de procréation de la sexualité n'existant pas, c'est la fonction unitive et festive qui la signifie totalement. Son humanisation n'en est que plus urgente.

Le respect de l'autre, du désir de l'autre, de son altérité, est la seule voie qui peut y conduire. « *L'étreinte charnelle stimulée par le désir ne peut pas se contenter de la vibration de « l'être dans la chair » et de la délectation réciproque qu'elle peut offrir à savourer ; le plaisir n'est pas un but mais un fruit. Recherché pour lui-même il s'étiole . Par contre cette étreinte peut tendre à exprimer la délicatesse réciproque, la persévérance, l'attention à l'autre qui*

---

[48] André Wénin, *D'Adam à Abraham ou les errances de l'humain*, Lire la Bible, Cerf, 2013, page 39.

[49] Michel Anquetil, *Chrétiens homosexuels en couple, un chemin légitime d'espérance*, Saint-Denis, Edilivre, 2018, pages 39 et sv.

font prendre conscience que chacun n'existe que par l'autre. C'est cette visée qui doit animer la volonté (...) Le secret d'une sexualité réussie et la finalité raisonnable que la volonté doit viser quand elle acquiesce à l'activité sexuelle, c'est la découverte toujours plus grande de l'altérité du partenaire[50] ».

La recherche de cette altérité suppose tout d'abord l'obéissance réciproque, au sens premier du mot d'écoute réciproque. Il s'agit de renoncer chacun·e à exercer un pouvoir sur l'autre en vue de satisfaire son plaisir, pour au contraire écouter, être à l'affût de ce qui donne plaisir à l'autre, lui accorder le temps qu'il désire. A défaut, l'autre devient inévitablement objet et perd sa qualité de personne, de sujet capable d'amour libre[51].

La vertu de chasteté (qui n'est pas l'abstinence) permet précisément, jusque dans l'étreinte, de maîtriser la force de la sexualité, de respecter l'autre comme sujet, d'honorer une altérité effective. Elle s'oppose à la convoitise qui ignore la limite et dévore l'autre pour obtenir son propre plaisir. Le pape François relève que la sexualité risque à notre époque d'être affectée par « *l'esprit vénéneux du utilise et jette* »[52]. Chacun·e est au contraire appelé·e à surmonter sa convoitise pour recevoir de l'autre son plaisir. Il y a en effet des étreintes qui captent l'autre et le ra-

---

[50] Michel Anquetil, *Chrétiens homosexuels en couple, un chemin légitime d'espérance*, Saint-Denis, Edilivre, 2018, page 102.
[51] Jérôme Couduriès, in *Etre en couple gay - Conjugalité et homosexualité masculine en France*, Presses Universitaires de Lyon 2011, consacre le chapitre 5 de son travail à la sexualité des couples gays et analyse notamment la pratique de la pénétration, largement partagée mais non systématique. Il relève les déséquilibres qui peuvent résulter lorsque l'un des partenaires refuse à l'autre l'interchangeabilité des rôles que ce dernier appelle de ses vœux.
[52] Pape François, Exhortation apostolique post-synodale *Amoris Laetitia - La joie de l'amour*, n° 153.

mènent à soi, d'autres au contraire qui libèrent, donnent et ouvrent à la confiance, qui aiment et mettent l'autre en vie. La sexualité authentiquement humaine a saveur pascale : donner pour recevoir. Il s'agit de s'écouter réciproquement en découvrant le corps de l'autre par les gestes qui lui révéleront toutes les potentialités sensibles et jouissives de son corps. Ainsi, le romancier essayiste Patrick Drevet affirme que « *l'étreinte fait de moi un modeleur de la personne que j'étreins autant que celle-ci l'est de moi. L'étonnement d'être s'accroît de l'étonnement de faire être*[53] ».

Il convient en particulier d'obéir-écouter si le désir sexuel est réellement actuel chez son/sa partenaire : en chacun·e ce désir est variable selon sa physiologie, sa fatigue, ses soucis... et il évolue encore davantage avec l'âge[54]. Il n'y a pas de « devoir conjugal » dont on pourrait exiger l'accomplissement et il faut bannir toute forme de soumission sexuelle[55]. La délicatesse est au contraire de respecter le désir de l'autre, même si cela suppose une maîtrise parfois difficile de son propre désir. Car il y va de la réalité du consentement de l'autre, alors même que la relation de couple ne saurait souffrir aucune violence, même bénigne. La question du consentement est devenue de nos jours fondamentale. Ce tact à l'égard de l'autre n'est pas si facile à acquérir, car les rythmes du désir de

---

[53] Patrick Drevet, *Mes images de l'amour*, NRF Gallimard, 2001, page 33.
[54] Yvon Dallaire, *Qui sont ces couples heureux?*, Le livre de poche (option santé), 2008, n°10032, pages 113 et sv.
[55] Ibidem, Pape François n°154 : « *Nous devons réaffirmer avec clarté que l'acte conjugal imposé au conjoint sans égard à ses conditions et à ses légitimes désirs n'est pas un véritable acte d'amour et contredit par conséquent une exigence du bon ordre moral dans les rapports entre époux* ». Lire aussi n°155 et 156.

chaque partenaire ne coïncident pas toujours et il arrive qu'il faille solliciter l'autre avec délicatesse, l'éveiller à son propre désir. Il ne faut pas s'en alarmer ou culpabiliser (à moins que cela ne devienne systématique[56]), car l'asymétrie du désir des partenaires ne fait que traduire la différence de chaque personne. C'est l'écoute affinée qui permet de discerner s'il faut insister ou non. Pour autant, il reste que la pratique sexuelle participe éminemment à l'entretien de l'amour quand le corps, le cœur et l'esprit y font un.

L'écoute ne signifie pas cependant tout savoir de l'autre ou tout accepter de ce qu'il demande. Chaque partenaire est habité·e par un certain nombre de scénarios imaginaires et de fantasmes ayant trait à sa vie sexuelle. A l'autre d'y consentir ou de poser les limites au delà desquelles il·elle ne saurait les satisfaire.

Certains de ces fantasmes peuvent alimenter une demande explicite mais d'autres restent secrets. Il ne convient pas d'entrer dans cette zone d'intimité profonde. « *La pire effraction serait d'entrer dans la vie fantasmatique de l'autre, de pénétrer dans cet univers où l'on vit des choses tout à fait bizarres pour soi et tout à fait incongrues*[57] ». Le respect de l'autre est alors de savoir rester au seuil.

---

[56] Il faudrait alors suspecter un rapport faussé à la sexualité. Car « *l'idéal du couple ne peut pas se définir seulement comme une donation généreuse et sacrifiée, où chacun renonce à tout besoin personnel et se préoccupe seulement de faire le bien à l'autre sans aucune satisfaction* ». Pape François, Exhortation apostolique post-synodale *Amoris Laetitia – La joie de l'amour*, n° 157.
[57] Serge Hefez avec Danièle Laufer, *La danse du couple*, Paris, Librairie Arthème Fayard, Collection Pluriel, 2010, page 123.

Mais il peut arriver parfois que cette vie fantasmatique conduise à faire émerger des demandes saugrenues, voire perverses et contraires à la dignité des corps et des personnes. Dans ce cas, il faut refuser, avec tact mais fermement. En effet le corps de l'autre comme le sien propre sont sacrés, car ils sont créatures de Dieu et temples de l'Esprit : leur dignité ne peut être bafouée.

Une autre condition de l'humanisation de la sexualité est la douceur, la tendresse qui manifeste tout le respect dû à l'autre. Ces mots ne sont pas toujours bien reçus dans le milieu gay en particulier, souvent prompt à vouloir prouver sa virilité ! Ils ne contredisent pas la diversité des pratiques sexuelles, inventives et festives ni la joie puissante de l'orgasme. Mais ils font écho à la béatitude des doux : « *Heureux les doux, ils auront la terre en partage*[58] ».

Ces mots signifient tout d'abord que la sexualité dans le couple n'est pas une compétition où il faudrait prouver (se prouver) sa performance, ou expérimenter les dernières modes en la matière[59]. Certains moments peuvent sembler moins « réussis » que d'autres, sans qu'ils traduisent pour autant un manque d'amour. Le désir peut être passagèrement moindre, les corps fatigués. Le mieux est d'accepter avec simplicité, sans culpabilité, avec douceur, ces aléas liés aux limites et aux faiblesses de chacun·e. Nos corps aussi sont des pauvres !

La sexualité devient pleinement harmonieuse lorsqu'elle se revêt de tendresse, car celle-ci fait le pont

---

[58] Matthieu 5,4. La « terre » signifie ici la terre promise, c'est-à-dire le Royaume de Dieu, réunissant tous les saints dans une même communion.
[59] Yvon Dallaire, *Qui sont ces couples heureux ?*, Le livre de poche (option santé), 2008, n° 10032, pages 222 et sv, 232 et sv.

entre le corps et le cœur : elle unifie l'être et le rend heureux. En effet elle est sensibilité affectueuse qui s'émerveille devant l'ami·e. Elle passe par le regard qui se pose délicatement sur tout le corps pour le magnifier :

« Sa tête est d'or, d'un or pur, ses boucles, noires comme le corbeau.
Ses yeux, telles des colombes sur une fontaine, baignent dans le lait. Plénitude !
Ses joues, des parterres d'aromates, des massifs parfumés. Ses lèvres, des lys, distillent une myrrhe vierge.
Ses mains, des sphères d'or, enchâssées des pierres de Tarsis,
Ses flancs, de l'ivoire serti de saphirs.
Ses jambes, des colonnes d'albâtre posées sur des socles d'or.
Son allure rappelle le Liban, Il est élu, comme les cèdres.»
(Cantique des Cantiques 5,11-15).

Elle s'exprime dans les gestes, le baiser, le toucher, les caresses ou les massages délicats ; l'attention à la peau, à la respiration, au regard, à la voix de l'autre . « *Sa parole est douce, tout en lui, avive le désir (idem 5,16) ...Son bras gauche est sous ma tête, sa droite m'étreint* » (idem 8,3[60]).

Reflet de la tendresse de Dieu, la tendresse de l'amour humain manifeste la qualité du cœur qui aime l'être ami en sa totalité. Elle traduit une vraie qualité de communication dans le couple et crée la confiance qui permet l'abandon total de son corps à l'autre pour que ces deux corps puissent se rencontrer et se mêler. Elle réalise la communion de deux êtres totalement unifiés, corps, cœur et esprit. C'est dans ces conditions que la sexualité peut devenir

---

[60] Dans la traduction de Jean-Yves Leloup, Paris, Presse du Châtelet, 2017.

vraiment « langage des corps », respect mutuel, présence ineffable de l'un·e à l'autre, présence qui va au delà du plaisir[61]. Quand chaque geste donné l'un·e à l'autre devient parole d'amour, expression du don mutuel, accomplissement d'une noce qui se voudrait éternelle, il s'ensuit un sentiment de plénitude de l'être et de bonheur. Jean Paul II parlait d'une « vocation sponsale » des corps : ceux-ci, et pas seulement les esprits, sont en effet signifiants du don au fondement de la communion des personnes[62].

On comprend dès lors que la fidélité sexuelle est dans le droit fil de cette humanisation de la sexualité[63]. Cette fidélité n'est pas comme une obligation qui s'imposerait au nom de quelque droit possessif que l'un·e aurait sur l'autre, qui serait alors réduit·e à une sorte de chasse gardée : vision patriarcale de la sexualité ! Au contraire, elle est dynamique du don mutuel, le fruit précieux de la communion des amant·es quand est acquise l'unification de tout leur être, corps, cœur et esprit, qui fait que le corps est vraiment Temple de l'Esprit (1 Corinthiens 6, 19).

Ainsi la sexualité constitue une forme de sagesse qui reconnaît toute la valeur du corps, valeur qui s'inscrit elle-même dans la dignité de la personne. « *Aimer un corps passe par le fait d'aimer l'âme qui va avec lui et aimer cette âme passe par le fait d'aimer ce que fait cette âme, ce qu'elle vit, ce qu'elle désire, son univers intérieur -- en un mot, son rapport à l'existence. L'amour fait rentrer*

---

[61] Maurice Bellet, *La chair délivrée*, Montrouge, Bayard, 2015, page 91.
[62] Jean Paul II, *Abrégé de la théologie du corps*, Textes introduits, mis en forme et édités par Yves Semen, Paris, Cerf, 2016, pages 42 et sv.
[63] Sur la question de la fidélité sexuelle, lire Yvon Dallaire, *Qui sont ces couples heureux ?*, Le livre de poche (option santé), 2008, n° 10032, pages 119 et sv.

dans un univers de plus en plus riche (...) Toute expérience sexuelle riche rend plus sage. Toute sagesse en retour libère la sexualité. C'est ce qui fait la singularité de la sagesse. Celle-ci fait découvrir une origine inconnue de la sexualité[64]».

Peut-être faut-il relire une fois encore le livre biblique de la Genèse et le récit de la création. Celui-ci illustre bien sûr la puissance créatrice de Dieu dont la parole suffit à faire surgir du chaos primordial un monde ordonné et riche de diversité. Mais André Wénin fait remarquer[65] combien cette puissance ne détruit rien ; qu'elle reste contenue et maîtrisée ; qu'elle s'arrête pour constater que ce qui est créé, « c'est bien » ; qu'elle sait déléguer (la maîtrise des temps est confiée aux astres et l'espace terrestre est placée sous la responsabilité de l'humanité); qu'à la fin, Dieu se retire et se repose, imposant ainsi une limite à sa puissance créatrice et laissant place à un monde autonome dans lequel, plus tard, une alliance pourra être proposée à l'homme. « *La toute-puissance de Dieu n'est rien d'autre que la douceur de celui qui reste maître de sa puissance elle-même. Non pas la douceur d'un faible qui n'aurait pas d'autre choix, mais la douceur qui est plus forte que la force...[66]* ».

A cette sagesse de Dieu correspond, par analogie évidemment, la sagesse de l'humain quand sa sexualité exprime un amour authentique : il apprend à contenir cette force vitale, aux origines sauvageonne voire brutale, à faire l'unité de son être, à laisser à l'autre aimé toute sa

---

[64] Bertrand Vergely, *Dictionnaire encyclopédique d'éthique chrétienne*, Paris, Cerf 2013 – article *Sexualité*, page 1860.
[65] André Wénin, *D'Adam à Abraham ou les errances de l'humain*, Lire la Bible, Cerf, 2013, page 33 et sv
[66] Ibidem, pages 36-37.

place. Il constate alors que sa sexualité est bonne et il lui donne sa juste place pour que se déploie l'alliance avec celui/celle qu'il aime. A ce prix, l'homme vit vraiment « dans l'image et à la ressemblance de Dieu ».

C'est le même mouvement de respect de l'autre, de maîtrise de leur convoitise et de leur volonté de puissance, que les conjoints doivent cultiver pour parvenir à ajuster leurs deux personnalités.

2. Le « travail de l'amour » ou l'ajustement des deux personnalités

Comme nous l'avons déjà dit, chaque partenaire a ses qualités, ses possibilités limitées et ses défauts, son histoire familiale, son désir de pouvoir[67], en un mot sa personnalité. L'amour ne dispense aucunement des ajustements nécessaires, parfois difficiles, pour qu'à la fois chaque personnalité garde sa spécificité *et* qu'une vie commune harmonieuse soit possible. Que l'un·e ne jalouse pas ou ne domine pas l'autre *et* qu'un amour d'amitié puisse advenir et grandir. Que le couple constitue un « nous » qui n'efface pas le « je » et le « tu » mais les tiennent en dialogue.

La réussite de la vie commune passe d'abord par *la qualité de la communication dans le couple* : « *S'il y a un élément sur lequel la majorité des thérapeutes conjugaux s'entend, c'est bien sur la nécessité de la communication dans le couple*[68] ».

---

[67] Jean-G Lemaire, *Le couple : sa vie, sa mort*, Paris, Payot, 2005, pages 283 et sv.
[68] Yvon Dallaire, *Qui sont ces couples heureux ?*, Le livre de poche (option santé), 2008, n° 10032, page 96.

C'est pourquoi la fiabilité de la parole échangée est essentielle. Elle nourrit la confiance. Le mensonge est la ruine du couple car il divise celui/celle qui le pratique et quand la supercherie est découverte, le·la partenaire se sent trahi·e : comment alors croire la parole future ? Le mensonge alimente la suspicion. Au contraire, la sincérité et le souci de la vérité sont un signe de droiture et font de l'autre le rocher sur lequel s'appuyer. De surcroît tous les faux serments ou fausses promesses sont alors évités !

Un autre aspect de la fiabilité de la parole est sa clarté, pour que la communication soit bonne. Que la parole ne soit pas ambiguë et ne puisse faire l'objet d'interprétations diverses, source d'incompréhensions. « *Quand vous parlez, dites « oui » ou « non » : tout le reste vient du Malin* » *(Matthieu 5,37)*. « *Que votre oui soit oui, et votre non, non* » *(St Jacques 5,12)*.

De même la parole doit être suivie de l'effet annoncé, sinon elle est vaine, déçoit et brise l'espérance mise en elle. Faire ce que l'on dit : c'est la conformité de l'acte à la parole qui entretient la confiance, car elle est signe du respect de soi et de l'autre. Ceci oblige évidemment à une certaine prudence dans la parole, dans les promesses. Ce souci de l'efficacité de sa parole donne à celle-ci toute sa valeur, à l'instar de la Parole de Dieu qui « *ne retourne pas vers Lui sans résultat, sans avoir exécuté ce qui lui plaît et fait aboutir ce pour quoi Il l'avait envoyée* »*(Isaïe 55,11)*.

Tel est le socle sur lequel l'ajustement des deux personnalités peut se faire loyalement et efficacement. Alors le « travail de l'amour » peut commencer ... mais il est toujours à reprendre, à tous les moments de la vie à deux. En effet chaque partenaire évolue au gré des circonstances, des difficultés de la vie rencontrées, des évènements heureux ou malheureux vécus, de l'âge enfin.

Cette maïeutique s'opère par diverses attitudes réciproques et empruntes de tendresse, parfois des disputes voire des échecs, par des compromis acceptés ou des organisations mises en place ; elle revêt donc en pratique bien des figures qui expriment la créativité et la liberté des couples mais elle traduit au fil des jours l'approfondissement persévérant de l'amour entre les partenaires.

Dans une perspective de foi, pour accéder à un bonheur durable, le couple doit se laisser traverser par l'esprit de Pâques et s'inspirer de ces paroles évangéliques fondatrices : « *Heureux les pauvres de cœur, le royaume des cieux est à eux ; heureux les doux, ils auront la terre en partage[69] ; heureux ceux qui ont faim et soif de la justice, ils seront rassasiés ; heureux les miséricordieux, il leur sera fait miséricorde ; heureux les cœurs purs, ils verront Dieu ; heureux ceux qui font œuvre de paix, ils seront appelés fils de Dieu* » (Matthieu 5,3-9).

Cinq éléments de ce « travail de l'amour » paraissent plus spécialement fondamentaux : l'écoute et l'audace de se dévoiler, l'acceptation de l'autre tel qu'il-elle est, la négociation des difficultés pratiques du quotidien, le service mutuel, la politesse et le pardon. Ce sont les apprentissages qui engendrent le bonheur de vivre ensemble.

Ecouter et oser se dévoiler

C'est la première tâche, qui suppose humilité, patience, compassion, bienveillance, miséricorde. L'amour doit se

---

[69] Matthieu 5,4. La « terre » signifie ici la terre promise, c'est-à-dire le Royaume de Dieu, réunissant tous les saints dans une même communion

convertir en cette charité dont Saint Paul décline toutes les nuances au chapitre 13 de sa première lettre aux Corinthiens[70]. **Ecouter,** c'est aller vers l'autre avec tout son cœur, s'exposer à ce que l'autre veut dire et attend, sans jamais juger ; l'accepter et le·la recevoir tel·le qu'il·elle est, dans sa dignité infinie. Etre écouté·e, c'est pouvoir exister, se dévoiler et vivre tel·le que je suis, accéder au désir d'être reconnu·e et compris·e. L'écoute est donc fondamentale pour que chaque partenaire soit vrai et reconnu par l'autre en ce qu'il est.

Pour acquérir ou développer ses capacités d'écoute, il est indispensable en premier lieu d'éviter les fanfaronnades de l'orgueil, les envies ou les jalousies, la quête de son propre intérêt, les jugements tranchés : ces attitudes les ruinent immanquablement !

Plus subtilement, les représentations que nous avons l'un·e de l'autre doivent être purifiées, ajustées, corrigées. L'amour fait trop souvent croire que nous connaissons l'autre par cœur ... avec le risque de ne pas être attentif·ve à l'autre, à ce qu'il·elle vit ou désire, et surtout à ce qu'il·elle devient. Risque d'autant plus grand que le temps de la cohabitation s'écoule longuement.

D'une manière générale, il faut savoir s'effacer le temps nécessaire à l'écoute, ce qui constitue une sorte de kénose. Se défaire de toute hâte, laisser de côté ses propres besoins et ses urgences, faire de la place et passer du temps avec l'autre. Laisser l'autre exprimer tout ce qu'il·elle a sur le cœur sans commencer à parler avant le moment opportun. C'est d'autant plus important lorsque

---

[70] Lire le beau commentaire qu'en donne le Pape François dans son encyclique apostolique post-synodale A*moris Laetitia - La joie de l'amour,* n° 90 à 119.

les capacités de verbalisation et d'expression de l'un·e et de l'autre ne sont pas équivalentes. Pour y parvenir il est bon d'entrer dans un silence intérieur pour accueillir l'autre, recueillir ses paroles et les méditer dans son cœur. Le·la partenaire a souvent moins besoin de solutions à ses problèmes que voir ses peines, ses craintes, ses espérances, ses rêves écoutés et pris en compte[71].

Mais il ne suffit pas d'écouter ... encore faut-il qu'il y ait quelque chose, quelqu'un, à entendre et donc que le·la partenaire **ose se dévoiler** ! Chacun·e doit apprendre à se laisser regarder et aimer tel·le qu'il·elle est, sans peur du regard de l'autre, sans crainte d'être jugé·e. On songe au cantique « *n'aie pas peur, laisse-toi regarder par le Christ*[72] ». Il faut beaucoup de pudeur et d'humilité.

Car ce n'est pas toujours facile de se dire, de trouver les mots justes pour exprimer ce qui est ressenti. Il faut parvenir à éviter l'impudeur qui mène au déballage ... aussi bien que l'amour-propre et l'orgueil qui imposent la défense de l'image que nous avons, ou que nous voulons donner de nous-même. La peur de perdre l'estime de l'autre, voire son amour, peut être grande, surtout quand le niveau culturel des partenaires n'est pas homogène. L'histoire personnelle, comme les qualités d'écoute effectives ou insuffisantes du/de la partenaire, influent beaucoup sur les capacités de se « livrer » à l'autre sans masque. Mais à défaut de ce dévoilement réciproque, le risque est que l'un·e des deux partenaires, ou les deux, entrent petit à petit dans un jeu de rôle entre personnages policés mais factices. Ou au contraire que celui/celle à la

---

[71] Ibidem n°137.
[72] Cantique de Georges Lefebvre n°G249, *Vivre Dieu,* vol 1 - Les Presses d'Ile de France.

personnalité plus affirmée en arrive à dominer l'autre. Or il faut être soi pour se sentir libre et épanoui·e, aimer en vérité.

Il est donc essentiel d'oser exprimer, avec ses propres mots même maladroits, ses opinions, ses émotions, ses angoisses, sa fragilité, sans se sentir jugé·e, sans se sentir ridicule ou diminué·e, sans craindre de perdre l'amour de l'autre. Cela libère. Davantage encore, il est bon d'accéder à la révélation de soi à soi-même grâce à l'écoute bienveillante de l'autre. Quel soutien pour accepter sans culpabilité ses propres zones d'ombre et ses limites, pour poser un regard juste sur soi-même et apprendre à s'aimer ! Comment ne pas aimer celui/celle qui ainsi nous fait accéder sereinement à notre vérité ?

Se dire suppose au départ de l'humilité et surtout une tendresse réciproque qui crée le climat de confiance. Il y faut du temps, là encore. Mais cette « audace » est précieuse car elle permet d'être soi dans le couple, dans toute la dimension de sa personnalité et ainsi d'éviter toute tendance fusionnelle ou dominatrice. L'écoute respectueuse et le dévoilement engendrent progressivement une confiance toujours plus grande, qui elle- même garantit la bonne distance entre partenaires, l'autonomie de chacun·e. Mais plus encore, l'écoute et le dévoilement réciproques développent et resserrent petit à petit les liens d'intimité du couple qui est alors mis à nu et replacé dans la vérité. Chacun·e peut prendre conscience à quel point l'autre l'aime et l'accepte totalement et inconditionnellement. Et cette prise de conscience engendre à son tour un sentiment de reconnaissance et de gratitude qui nourrit l'amour et favorise de nouvelles audaces.

Par ce cercle vertueux de l'écoute et du dévoilement, de la patience et de la bienveillance, un dialogue fructueux peut s'instaurer dans le couple. La confiance et l'amour réciproque grandissent chaque jour davantage, se renouvellent au fur et à mesure des années. C'est là l'une des manières de « *ne plus faire qu'une seule chair* » (Matthieu 19,5), dans l'harmonie et la paix.

Ce dévoilement ne signifie pas pour autant une transparence absolue et immédiate, une mise à nu totale des partenaires dès le début de la relation[73]. Il faut du temps pour se dévoiler devant l'autre en profondeur et en vérité. Se dire n'est pas tout dire tout de suite, écouter n'est pas tout savoir de l'autre immédiatement. La connivence réciproque qui nourrit le sentiment de sécurité mutuelle, n'interdit pas de conserver un jardin secret qui donne le sentiment d'exister pour soi, par soi, en sujet autonome : il n'est pas nécessaire de tout dire pour partager en vérité.

Car faire confiance suppose, par hypothèse, de ne pas tout connaître de l'autre. Celui-ci nous échappera toujours, il est mystère à lui-même. Et c'est bon qu'il en soit ainsi ! Ce serait diabolique de tout savoir sur l'autre, car cela reviendrait à prendre pouvoir sur lui, sur elle, à nier sa personne, à prendre la place de Dieu. Il n'y a pas d'amour vrai sans liberté !

Sans douter de l'amour qui l'unit, le couple doit donc apprendre à vivre une incomplétude qui laisse précisément l'espace et le temps d'être soi-même tout en réservant une découverte de l'autre toujours renouvelée. Les vieux

---

[73] Pierre-Marie Castaignos, *Est-ce lui ? Est-ce elle ?*, Paris, Salvator, 2019, page 121.
Lire aussi le n° 597 de la revue *Nouvelle Cité* mai-juin 2019, consacré en partie à ce thème.

couples s'étonnent de déceler encore, après bien des années, de nouveaux traits de personnalité de l'un et de l'autre. Et c'est bonheur !

Supporter l'autre tel qu'il·elle est

Il ne suffit pas de se connaître mutuellement. Si l'acceptation de l'autre signifie que je reconnais sa dignité, sa valeur, sa liberté d'être soi-même, elle ne signifie pas que je méconnais ou que je nie ses défauts et ses limites : elle m'engage plutôt à les supporter.

La compréhension qui résulte de l'écoute favorise à l'évidence la patience, vertu essentielle pour supporter toutes les imperfections de son/sa partenaire. Pouvoir l'accueillir sereinement sans l'accabler de critiques ou de reproches. Lui permettre de vivre effectivement en toute liberté comme il·elle est. L'amour est accueil inconditionnel, l'intolérance vaut rejet de l'autre. St Paul insiste sans cesse sur ce devoir de se supporter mutuellement. « *En toute humilité et douceur, avec patience, supportez-vous dans l'amour* » *(Ephésiens 4,2).*

Il faut donc apprendre à maîtriser ses propres réactions, résister aux impulsions agressives, être « lent à la colère » ... comme Dieu lui-même (cf Exode 34,6). « *Amertume, irritation, colère, éclats de voix, injures, tout cela doit disparaître de chez vous, comme toute espèce de méchanceté* » *(Ephésiens 4,31).* Le couple qui se chamaille sans cesse devient vite ridicule, s'use et ne peut pas ne pas se poser un jour la question : pour quelles raisons vivons-nous ensemble ? Une vie calme et paisible au contraire est de bonne augure sur sa durabilité.

La tolérance, la relativisation des enjeux pratiques, la tendresse, l'humilité, la douceur, permettent de ne pas juger, de ne pas contredire, de ne pas s'emporter, de ne pas résister brutalement. De reconnaître au contraire l'autre en ses richesses plutôt qu'en ses pauvretés, d'accepter et d'endurer ses manières d'être, de trouver les paroles ou les attitudes apaisantes s'il y a lieu. Un sourire, un trait d'humour sur soi-même, l'humilité et l'aveu à soi-même que nous ne valons pas mieux que l'autre, sont des aides précieuses. S'aimer exige de porter mutuellement ses faiblesses et sa vulnérabilité, pour traverser ensemble les difficultés liées aux limites de l'un·e et de l'autre.

Cette attitude s'enracine dans celle même du Christ. *« Accueillez-vous donc comme le Christ vous a accueillis, pour la gloire de Dieu » (Romains 15,7).* Elle manifeste notre appartenance à Dieu. *« Puisque vous êtes ses élus, sanctifiés, aimés par Dieu, revêtez donc des sentiments de compassion, de bienveillance, d'humilité, de douceur, de patience, supportez-vous les uns les autres » (Colossiens 3, 12).* Elle est garante de la paix dans le couple.

Pour autant, un équilibre doit être trouvé. Avoir la bonne attitude est assez facile face à l'autre qui se livre à de simples peccadilles, à des mouvements de mauvaise humeur provisoires ... encore que le devoir de chacun·e est de faire son possible pour ne pas exaspérer l'autre avec ses propres exigences, ses craintes ou ses jugements négatifs, voire son manque d'espérance ! Et s'il est juste et bon de supporter son/sa partenaire, il n'est pas bon d'aller au delà de ses propres limites, en surestimant ses capacités à « prendre sur soi » ... au risque « d'exploser » au moment le moins opportun, d'entrer dans une colère qui peut alors devenir excessive et blesser plus ou moins gravement le lien d'affection.

Un contrat tacite dicte parfois de ne pas parler de ses difficultés à assumer les défauts ou les limites de l'autre. *« Chacun connaît intuitivement le point faible de l'autre, pressent sans se le formuler que cette faiblesse est complémentaire de l'un de ses propres points faibles et le couple s'accorde pour qu'aucun des deux partenaires ne le mentionne jamais[74] »*. Ce peut-être en effet opportun pour les difficultés bénignes. Le non-dit cependant ne facilite pas la croissance de la confiance mutuelle et n'est donc pas toujours la meilleure solution : tout dépend de la gravité des obstacles ! Le risque en effet est de multiplier les disputes ou que se constitue une distance pour les éviter, un grand silence entre les partenaires, silence qui risque de devenir un gouffre encore plus insupportable !

Il vaut mieux s'interroger intérieurement pour comprendre les raisons qui font ressentir la situation comme « insupportable », s'interroger sur ses propres représentations, sur l'image idéalisée de soi ou de son couple qu'on veut donner et qui est ainsi mise en échec.

Si cela ne suffit pas, il faut en parler avec le·la partenaire, avant qu'une rancune s'installe et vienne troubler le cœur. Ni se mentir ni mentir à l'autre. Il faut *« garder un cœur simple, pur, sans souillure, car un cœur qui sait aimer ne laisse pas entrer ce qui porte atteinte à cet amour, ce qui le fragilise ou ce qui le met en danger[75] »*.

Chacun·e est partenaire de l'autre pour l'aider à comprendre d'où lui vient tel ou tel comportement vécu comme insupportable. Telle ou telle attitude peut du reste

---

[74] Serge Hefez avec Danièle Laufer, *La danse du couple*, Paris, Librairie Arthème Fayard, Collection Pluriel, 2010, page 99.
[75] Pape François, Exhortation apostolique sur l'appel à la sainteté dans le monde actuel *Gaudete et exsultate* n° 83.

être objectivement inopportune, voire inacceptable ! Il est primordial dans un couple de pouvoir en parler en vérité, humblement et avec tendresse, sans se poser en juge, et après s'être assuré·e que l'on n'est pas en train de regarder la paille qui est dans l'œil du frère, de la sœur, sans remarquer la poutre qui est dans le sien (cf Matthieu 7,1-5). Ce que les chrétiens appellent « correction fraternelle » ne consiste pas à faire la morale à l'autre, au risque de le·la culpabiliser, mais à l'amener à une prise de conscience et l'inviter à changer de comportement. Alors, elle est un service salutaire et une preuve de son amour pour lui, pour elle, de ce qu'on est soucieux de son bien et du bien de la relation conjugale. Il s'agit de substituer à la violence ressentie intérieurement, qui peut se manifester brutalement et faire sombrer dans l'injustice, la parole aimante qui permet de retrouver la compréhension mutuelle, l'échange harmonieux et le chemin de la paix. C'est un partenariat pour la croissance de l'autre[76].

L'amendement du comportement ne peut pas être hélas toujours immédiat, même si le·la partenaire reconnaît ses torts et accepte l'admonition, qu'il·elle fait de bonne foi des efforts réels pour changer : il lui faut souvent du temps ! Une patience renouvelée et un sens de la miséricorde qui puise sa force dans la miséricorde même de Dieu, sont alors nécessaires pour surmonter la déception des ratages et des erreurs. Le pardon s'impose, nous y reviendrons. La prière aussi : « *Que la douceur du Seigneur notre Dieu soit sur nous ! Consolide pour nous l'œuvre de*

---

[76] Certaines thérapies conjugales peuvent y aider, dans les cas les plus graves. On peut citer par exemple l'approche *Imago* qui met l'accent sur la relation (https://www.imago-suisse.ch/fr).

nos mains, oui, consolide l'œuvre de nos mains » (Psaume 90 (89),17).

C'est en tout cas une épreuve pour le couple, une expérience qui peut l'aider à grandir, à mieux se comprendre, à mieux percevoir en chacun·e ses mécanismes de défense, ses peurs inconscientes, parfois les traces de blessures anciennes encore vives. Il convient d'y mettre du baume ... au lieu de les raviver ! L'amour qui supporte et espère, se découvre délicatesse persévérante.

Négocier les difficultés pratiques du quotidien

Elles ne manquent pas dès que la vie commune commence, ou même en cas de co-résidence à deux adresses ! Comment régler les dépenses communes[77], comment se répartir les tâches domestiques[78], comment aménager la maison commune, quelle voiture choisir etc...? Comment arbitrer les choix professionnels et quelles contraintes faire supporter à l'autre : horaires tardifs, stress et contrariétés, mutation géographique pour obtenir un avancement, etc...? Quels engagements associatifs, politiques, artistiques, accepter ? A quels loisirs, à quels sports s'adonner, où aller en vacances ? Que faire des anciennes amitiés (les copains-copines !), quels nouveaux rapports instaurer avec sa famille d'origine, dans laquelle va-t-on passer Noël ? Etc...

Autre difficulté importante : que faut-il faire à deux, et chacun·e de son côté ? Quel temps commun se réserver ?

---

[77] Cf Caroline Henchoz, *Le couple, l'amour et l'argent : la construction conjugale des dimensions économiques de la relation amoureuse,* Paris, L'Harmattan, 2008. Lire aussi Jérôme Courduriès, *Etre en couple (gay) - Conjugalité et homosexualité masculine en France,* Lyon, Presses universitaires de Lyon, 2011, pages 199 et sv. Ou encore Pierre Marie Castaignos, *Se marier et durer,* Paris, Salvator, 2012, pages 51 et sv.
[78] Ibidem, Jérôme Couduries pages 239 et sv.

« L'amour a besoin de temps disponible et gratuit, qui fait passer d'autres choses au second plan. Il faut du temps pour dialoguer, pour s'embrasser sans hâte, pour partager des projets, pour s'écouter, pour se regarder, pour se valoriser, pour renforcer la relation. Parfois le problème, c'est le rythme frénétique de la société, ou les horaires qu'imposent les engagements du travail. D'autres fois, le problème est que le temps passé ensemble n'est pas de qualité. Nous partageons uniquement un espace physique mais sans nous prêter attention mutuellement[79] ». Mais chacun·e peut ne pas ressentir le même besoin d'être ensemble. Surtout, il faut considérer la qualité du temps passé ensemble : du temps pour quoi faire ? Est-on simplement côte à côte ou vraiment ensemble, est-ce un temps consommé ou un temps vraiment partagé[80] ?

Ainsi la vie courante se charge d'opposer les deux personnalités du couple aux goûts, aux habitudes, aux besoins et aux désirs plus ou moins divergents. Cela peut devenir une cause de heurts plus ou moins sérieux, chacun·e défendant son point de vue avec plus ou moins d'intransigeance. Plus redoutables, peuvent surgir des conflits d'intérêt professionnel, de loyauté entre le passé et le présent ou encore entre les divers engagements pris par l'un.e et l'autre. Des enjeux de pouvoir entre les deux partenaires peuvent compromettre l'harmonie du couple. Au fil des années, c'est une épreuve et un lieu de vérification du bon fonctionnement de la vie du couple et de ses

---

[79] Pape François, Exhortation apostolique post-synodale *Amoris Laetitia - La joie de l'amour*, n° 224.
[80] cf *Les séries s'invitent dans la vie de couple*, Journal La Croix du mercredi 6 novembre 2019, pages 13 à 15.

sentiments réels. La vie à deux n'est pas toujours un long fleuve tranquille !

C'est bien sûr à chaque couple d'arbitrer et de trouver librement la réponse qui lui semble la plus appropriée pour que chacun·e des deux ne se sente pas frustré·e mais au contraire ait un sentiment de justice et de satisfaction. Ni la psychologie ni la morale n'ont de solutions universellement applicables !

Par contre ces disciplines peuvent dire dans quel esprit il faut chercher à résoudre ces difficultés de la vie, en soi incontournables mais qui peuvent mettre plus ou moins en danger l'avenir du couple quand elles sont mal maîtrisées.

Les couples contemporains affirment souvent un idéal d'égalité et d'autonomie. C'est heureux car les risques de soumission, de domination, de sacrifice systématique de l'un·e au dépend de l'autre, seront ainsi évités ... en principe, car il peut toujours y avoir une manipulation subtile de l'un des conjoints qui fausse le consentement de l'autre. En tout état de cause, vouloir l'égalité et l'autonomie ne suffit pas vraiment pour régler les problèmes car toute la difficulté est bien de trouver concrètement un équilibre satisfaisant pour les deux partenaires.

Une parfaite égalité est souvent impossible à mettre en œuvre concrètement, compte tenu des compétences et des disponibilités effectives de chacun·e. L'égalité saine n'est pas la symétrie mais la complémentarité. Sinon le risque est d'instituer une relation en miroir, de susciter un contrôle tatillon, des calculs mesquins et de la suspicion, voire une rivalité mimétique avec ses risques de violence, dénoncés par René Girard.

Trop d'autonomie ruine le couple, chacun·e vivant sa vie et négligeant (et en général de plus en plus) le temps commun qu'appellerait l'amour. Il est bon au contraire de se ménager un temps commun et gratuit pour que la relation amoureuse ne s'étiole pas, sans même qu'on y prenne garde. L'autonomie n'est pas la solitude.

Mais à l'inverse, trop d'investissements et de projets communs peuvent refermer le couple sur lui-même, lui interdisant de se frotter à la diversité enrichissante des relations avec des tiers. Un certain sentiment d'étouffement peut apparaître.

Quand une trop grande frustration apparaît à l'expérience, la tentation peut être de réagir en suivant un schéma inverse mais tout aussi excessif : préférer renoncer à l'égalité et à l'autonomie en se sacrifiant au désir, à l'intérêt de l'autre ... au nom d'un prétendu intérêt commun et au nom de l'amour. Dans ce cas aussi, une peur de perdre l'autre peut s'insinuer subrepticement dans le couple et conduire l'un·e à « se sacrifier » systématiquement, quitte à taire une sourde frustration... jusqu'à ce que la rancœur éclate !

Le couple est-il donc au rouet ? Comme le soulignent Serge Hefez et Danièle Laufer, « *le couple évolue en fait entre deux récifs, entre la peur du contact et celle du retrait. Deux peurs, c'est-à-dire deux envies contradictoires : l'envie de plus d'intimité en rejetant sur l'autre l'impossibilité d'obtenir cette intimité, et l'envie de plus d'autonomie en projetant sur l'autre l'impossibilité de réaliser le moindre éloignement[81]* ».

---

[81] Serge Hefez avec Danièle Laufer, *La danse du couple*, Paris, Librairie Arthème Fayard, Collection Pluriel, 2010, page 156.

La seule attitude efficace, adaptée et protectrice de la paix entre les partenaires, est d'apprendre à dialoguer en « je » et « tu » égaux, et s'exercer à négocier équitablement[82]. C'est tout l'art du bon compromis, animé par le souci de justice, pour que l'affrontement naturel se résolve vers une autre issue que la victoire de l'un·e et la défaite de l'autre ! Les capacités, les disponibilités, les savoir-faire, les différences de sensibilité ou de richesse (intellectuelle ou économique), sont à prendre en compte pour respecter la liberté et la dignité de chacun·e. L'important n'est pas de faire la même chose, mais de se compléter équitablement de manière satisfaisante pour chacun·e.

Pour y parvenir, la qualité de la communication dans le couple est essentielle, comme nous l'avons déjà dit. Il faut prendre le temps de se parler, sans préjuger de la réponse à donner, avec bienveillance et dans la confiance réciproque, chacun·e à égalité de l'autre, surtout quand une certaine disparité culturelle pourrait la compromettre. Veiller aux mots échangés, mais aussi aux attitudes, aux mimiques, aux intonations, aux attitudes corporelles qui peuvent être ressenties comme mépris[83]. Car il peut y avoir loin entre ce que je pense, ce que je veux dire, ce que je crois dire et ce que je dis réellement ; entre ce que tu veux entendre, ce que tu entends, ce que tu crois comprendre... La vigilance et la patience mutuelles sont les garanties d'une bonne négociation !

Le couple est ainsi invité à rechercher loyalement les avantages et inconvénients objectifs des divers choix pos-

---

[82] Yvon Dallaire, *Qui sont ces couples heureux ?*, Le livre de poche (option santé), 2008, n° 10032, pages 285 et sv.
[83] Robert Neuburger, *Le couple, la plus désirable et périlleuse des aventures*, Paris, Payot & Rivages, Petite Biblio Payot, 2014-15, pages 58 et sv.

sibles. Chacun·e est convié à cultiver un certain détachement à l'égard de soi-même, voire un certain humour pour relativiser l'enjeu du problème, en pratique souvent limité. Cet humour est souvent très utile : il faut savoir accepter de perdre cette fois pour gagner une autre fois ! Les petits gestes d'affection aident également à alléger l'atmosphère quand l'un·e prend trop à cœur la question...L'important est d'arriver à renforcer le lien amoureux.

Du reste, quand le choix s'avère plus délicat ou difficile à discerner, il est bon d'analyser ensemble et en profondeur les conséquences prévisibles des divers choix possibles sur la relation de couple elle-même. D'oser exprimer le malaise ou la souffrance qu'elles suscitent, et si tel est le cas, en rechercher ensemble les motifs. L'essentiel est d'éviter les accusations réciproques et, au contraire, de redéfinir les enjeux communs. Il est crucial aussi de savoir résister aux modèles extérieurs et d'inventer des solutions personnelles, bien ajustées au désir profond de chaque partenaire.

En perspective chrétienne, bien négocier les difficultés pratiques revient à mettre en œuvre l'esprit des béatitudes : douceur, justice, miséricorde, paix. Alors, « *Amour et vérité se rencontrent, justice et paix s'embrassent* » *(psaume 85 (84),11)*. L'amour « *qui ne se réjouit pas de l'injustice mais trouve sa joie dans la vérité* » *(1 Corinthiens 13, 6)* oblige à rechercher à la fois la vérité, c'est à dire l'objectivité des situations factuelles et personnelles, et la justice évangélique. Celle-ci n'est pas l'égalité mathématique mais la juste réponse au besoin de chaque personne, la juste prise en compte de ses capacités. S'il est toujours indispensable de sauvegarder l'autonomie des personnes, l'idéal est de garder un cœur unanime tout en partageant les biens ou en organisant les activités de manière à ce que chacun·e puisse recevoir selon son besoin ou donner selon ses possibilités (cf Actes 4,32 à 35).

Ces « crises », minimes ou plus graves, permettent d'élaborer tacitement ou explicitement une série de compromis équilibrés, constitutifs d'une sorte de pacte qui s'enrichit au fil du temps. Quand une solution trouvée donne satisfaction aux deux partenaires, elle peut prendre force d'habitude et se ritualiser.

Ces « rituels du quotidien » sont utiles en ce qu'ils permettent de ne pas réinventer chaque jour la vie quotidienne, de ne pas répéter des discussions parfois interminables, voire d'envenimer des disputes. Ils sont donc une économie permettant de dégager un temps et une énergie que le couple pourra précieusement utiliser à mieux !

Les rituels suscitent aussi une culture commune du couple, qui le caractérise au regard des tiers. Ils lui donnent ainsi une identité qui l'inscrit dans la durée et l'espace social.

Ce « contrat conjugal » qui rassemble ces rituels et organise la vie quotidienne, marque les points d'ancrage et de stabilité de la relation de couple. Mieux vaut ne pas le remettre en cause sans cesse ni avant que des raisons sérieuses ne le justifient. Pourtant le risque est de transformer le quotidien en routine... Et celle-ci peut devenir plus ou moins mortifère à terme. Il faut aussi avoir la liberté de les remettre en cause à bon escient. Nous y reviendrons.

Le service mutuel

La dimension d'entraide dans le couple est fondamentale. Elle est mise en œuvre pratique de la parole biblique : « *Le Seigneur Dieu dit : il n'est pas bon que l'homme soit seul. Je veux lui faire une aide qui lui soit accordée »* *(Genèse 2,18).* L'entraide mutuelle permet précisément de ne plus se sentir seul·e et donne à chaque partenaire l'assurance qu'il·elle peut compter sur l'autre, avec le sentiment de sécurité que cela apporte. Prendre soin mutuellement garantit que l'amour n'est pas seulement parole, émotion ou sexe, mais qu'il s'éprouve, se manifeste et s'incarne dans des actes concrets de soutien à l'autre, dans un échange permanent de services rendus : aimer, c'est écouter et faire, c'est à dire savoir mettre ses qualités au service de l'autre, dans une simplicité joyeuse.

Entendons par service, outre l'exécution loyale et irréprochable de sa part de tâches domestiques, tout soutien, toute aide, tant au plan matériel qu'intellectuel, psychologique, affectif ou spirituel : tout ce qu'exigent le bien de l'autre et la miséricorde à son égard. Servir a donc de multiples facettes.

C'est savoir converser pour adoucir un sentiment de solitude ; embrasser d'un tendre baiser, tenir la main, sourire, consoler et soulager ; réparer, soigner, guérir ; se substituer pour soulager des tâches à accomplir ; aider à progresser professionnellement, ouvrir à des dimensions culturelles jusque là ignorées ; défendre l'intérêt de l'autre, l'encourager, en parler en bien, le·la valoriser et se réjouir de son succès ; partager, donner, se priver pour lui/elle; l'exhorter dans sa relation à Dieu, etc ... La gamme des possibles est immense. L'amour authentique sait se faire imaginatif pour combler le manque, même minime, de l'aimé·e. Au jour le jour, les partenaires acquièrent un tact affiné qui leur fait toujours mieux pressentir ce qui peut faire du bien à l'autre.

Jésus est le modèle, car il n'a cessé de servir durant sa vie terrestre : « *Je suis au milieu de vous à la place de celui qui sert* » *(Luc 22,27).* Il a multiplié les actes de guérison, les multiplications des pains, les résurrections tout au long de sa vie publique. Il a enseigné les uns et les autres, en les regardant avec amour[84]. Ainsi toute sa vie manifeste et met en acte concrètement à la fois l'amour du Père pour tous les hommes dont il voulait révéler la profondeur, et sa propre compassion à l'égard de ceux et celles qu'il rencontrait sur sa route et dont il se faisait proche. A Jéricho, la question qu'il pose à l'aveugle Bartimée résume toute sa sollicitude : « *Que veux-tu que je fasse pour toi ?* » *(Marc 10,46-52).*

C'est cette même sollicitude inépuisable que les deux partenaires d'un couple sont appelés à se manifester sans cesse l'un·e vis-à-vis de l'autre : avoir souci de l'autre, veiller à son bien, oser le·la questionner sans fausse humilité, s'en faire proche, se rendre disponible pour l'assister dans sa vulnérabilité, satisfaire son besoin concret.

Servir ... parfois même à en perdre sa fierté ou son rang ! Quand au soir de sa vie, Jésus lave les pieds des disciples, il accomplit une tâche d'esclave. « *Si je vous ai lavé les pieds, moi le Seigneur et le Maître, vous devez vous aussi vous laver les pieds les uns aux autres ; car c'est un exemple que je vous ai donné : ce que j'ai fait pour vous, faites-le vous aussi* » *(Jean 13,14-15).* Servir, c'est aussi accepter de s'abaisser pour rejoindre l'autre et reconnaître sa grandeur. Donner sa vie pour la trouver.

Ainsi, nous faire entrer dans la logique du don, voilà ce que l'Evangile veut opérer en nous.

---

[84] Voir, par exemple, la péricope du riche à la recherche de la vie éternelle, Marc 10, 17-31 (verset 21).

Pour autant, des déviances du service mutuel sont toujours possibles et une vigilance est indispensable car sa qualité et sa juste mesure sont essentielles pour l'équilibre et la bonne santé du couple. Pas assez de service pousse au reproche d'être délaissé·e. Trop, provoque tôt ou tard l'impression d'un maternage infantilisant. Dans l'un ou l'autre cas, la rupture est prochaine. Le chemin de l'enfer est pavé de bonnes intentions ! L'apôtre Paul résume bien ce que doit être un amour sain et saint : « *L'amour rend service, il ne jalouse pas, il ne plastronne pas, il ne s'enfle pas d'orgueil, il ne fait rien de laid, il ne cherche pas son intérêt* » *(1 Corinthiens 13,4).*

L'amour est désintéressé. Il est gratuité. Il n'est pas dans la logique du don/contre-don, il n'attend pas de contre-partie : « *Que ta main droite ignore ce que fait ta main gauche* » *(Matthieu 6,3[85]).* Le calcul tue l'amour. L'amour ne compare pas ce qu'il donne à ce qu'il a pu recevoir. Le risque serait d'entrer dans une sorte de compétition mimétique à qui en ferait le plus !

L'amour ne tire pas prétexte du soutien apporté pour se glorifier auprès de l'autre, au risque de l'humilier, d'en faire son débiteur, sa débitrice, ou de prendre pouvoir sur lui/elle. Les risques, outre l'orgueil toujours si prompt à se manifester, seraient d'entrer dans une relation perverse de victimisation de l'autre, ou de cultiver pour soi-même un culte du sacrifice, ou encore d'instituer une relation de maître à esclave. Or celui qui rend service n'est jamais plus grand que celui qu'il sert (cf Jean 13,16).

L'amour se fait léger et discret pour éviter tout totalitarisme : il ne s'impose pas et se méfie des bonnes inten-

---

[85] Voir aussi Luc 14,12-14, encore plus radical : mieux vaut inviter à déjeuner les pauvres qui ne peuvent rendre que les amis qui rendront l'invitation !

tions qui font croire que l'on sait mieux que l'autre ce qui est bon pour lui, pour elle ! Le risque serait d'imposer sa loi et nier la liberté de l'autre. Par contre il appartient à chacun·e d'apprendre à demander, d'oser solliciter l'autre sans fausse humilité. Pour cela vaincre la peur d'avouer sa faiblesse ou celle de se sentir redevable envers l'autre ... mais aussi éviter tout autoritarisme blessant. Demander à l'autre apprend à demander à Dieu ... et réciproquement.

L'amour enfin sert dans la joie et la bonne humeur : un sourire de connivence, un trait d'humour, le signifie surabondamment. Il ne faut jamais accabler l'autre de sa « charité » et le·la culpabiliser. Un saint triste est un triste saint, disait François de Sales !

Pour conclure, il s'agit d'acquérir une sagesse pratique qui permet d'articuler l'intelligence des situations, une réponse adéquate et adaptée, de sorte que ce soin mutuel, ce « care[86] » selon l'expression consacrée aujourd'hui, soit source de sécurité et de joie pour les deux partenaires.

La politesse et le pardon

Le respect de l'autre passe par la politesse, la courtoisie et la délicatesse, parfois trop vite oubliées au prétexte de l'intimité et de la familiarité que peut susciter l'amour. La politesse n'est pas un simple conformisme à des normes sociales que certains jugeraient inutiles et pesantes dans le contexte d'une relation à deux. Elle est plutôt un mode de communication qui garantit la bonne distance dans le

---

[86] Le mot s'origine dans une étude de Carol Gilligan publiée en 1982 aux Etats-Unis *In a different voice*, Harvard University Press. Réédité en français en 2008 sous le titre *Une Voix différente. Pour une éthique du care*, Flammarion, Champs Essais, tr. A. Kwiatek, revue par V. Nurock. Présentation S. Laugier et P. Paperman.

couple en reconnaissant l'existence et la valeur précieuse de l'un·e aux yeux de l'autre. Elle incarne l'attention à l'autre et le caractère affable de l'amour qui entretient un climat de paix. Le bonjour et le tendre baiser du matin et du soir expriment toute la reconnaissance de la présence aimée de l'autre, la joie de le·la voir vivre à côté de soi. Le « s'il te plaît » gomme tout ce que la demande pourrait laisser ressentir comme une pointe d'exigence plus ou moins impatiente, voire le signe d'un ordre ou d'un commandement. Il dit que l'autre n'est pas à notre service, en notre pouvoir, même si l'entraide mutuelle est précepte fondamental. Le « merci » marque tout le prix reconnu au service rendu, reconnaît la charité active de son/sa partenaire. Enfin garder dans la mesure du possible une humeur égale, s'exprimer dans un langage courtois et avenant, sourire, sont les marques de la considération que l'on a pour l'autre. La politesse est l'expression d'un amour humble qui reconnaît le caractère sacré de son/sa partenaire.

Demander pardon sans relâche et être pardonné sont la respiration du couple. Car même si l'écoute, le dévoilement, la négociation équitable, le service mutuel sont mis en œuvre par les deux partenaires autant qu'ils le peuvent, il est inévitable qu'un moment d'incompréhension, de paresse, d'impatience, un mot malheureux, une résistance indue, viennent déplaire et chagriner plus ou moins sérieusement. Parfois, la faiblesse humaine étant ce qu'elle est, une faute plus grave peut venir meurtrir l'amour, porter atteinte à la confiance : la rancune peut alors s'insinuer. L'amour humain, si beau et fort soit-il, a ses faiblesses, ses inattentions, et ne parvient pas à éviter, au jour le jour, toute défaillance. « *Je sais qu'en moi (...) le bien n'habite pas : vouloir le bien est à ma portée mais non pas l'accomplir, puisque le bien que je veux, je ne le fais pas et le mal que je ne veux pas, je le fais » (Romains 7, 18-19).* Aussi dès que nous sommes conscient·e du tort et de la souffrance infligée à l'autre, le remède est d'avoir l'humilité de reconnaître sa propre part de responsabilité, de demander sans tarder à être excusé·e et pardonné·e. A l'autre aussi d'avoir la simplicité de faire des reproches et d'exprimer sa peine si le·la partenaire n'a pas pris conscience du tort causé : cela vaut mieux qu'accumuler la rancœur et l'amertume qui enténèbrent le cœur.

Les formes de la demande de pardon et celles du pardon lui-même sont éminemment variables selon les circonstances. Le ton solennel n'est pas toujours le plus opportun et peut devenir vite ridicule, voire suspect d'insincérité ! Il s'agit d'apprécier la juste mesure. En face de peccadilles, un trait d'humour envers soi-même, un sourire, un baiser, peuvent être autrement opportuns. Il y a une « bonne légèreté » qui évite de dramatiser, l'essentiel étant que la personne affectée se sente reconnue comme telle et puisse pardonner. A l'inverse, quand la situation l'exige, il faut plus de formes. En tout état de cause, la demande de pardon n'est sincère qu'accompagnée du désir de réparer dans toute la mesure du possible les conséquences de la faute avouée. Et le pardon n'est sincère que s'il est offert sans condition : il ne saurait « se marchander » !

L'amour qui veut durer appelle le développement d'une véritable culture du pardon réciproque, pour que les cœurs restent purs, au sens évangélique de « non troublés », établis dans la paix. » *Si ton frère vient à t'offenser, reprends-le et s'il se repent, pardonne-lui. Et si sept fois le jour il t'offense et que sept fois il revienne à toi en disant : « je me repens », tu lui pardonneras » (Luc 17,3-4).*

La demande de pardon exprimée avec humilité permet de voir en face sa propre faiblesse et de mesurer le manque d'amour que traduisent l'impair, la maladresse, la gaffe, le méfait, la faute ou l'égarement commis : elle permet d'assumer sa responsabilité. Elle aide aussi à supporter le poids de sa culpabilité car elle repose sur la confiance faite en la force de l'amour de son/sa partenaire. Elle espère en effet que cet amour sera plus grand que la blessure infligée et que la miséricorde l'emportera : non seulement en pardonnant, mais aussi, selon les circonstances, en aidant à vaincre cet égoïsme et cette violence qui se sont un moment manifestés. Dans la Bible, si Israël revient toujours vers Dieu, c'est bien parce qu'il croit qu'il sera pardonné et rétabli dans l'alliance : « *Dieu de l'univers, fais-nous revenir. Que ton visage s'éclaire et nous serons sauvés* » *(Psaume 80(79), 8 et 20).*

Certes, en pratique, quand les blessures sont réciproques et/ou sérieuses, la demande de pardon et le pardon peuvent être très difficiles à exprimer. Un temps peut être nécessaire pour que la souffrance s'apaise, que les cœurs un moment troublés retrouvent leur limpidité. Il convient d'avoir alors la patience d'attendre. Il peut parfois y avoir des moments de doute sur la réalité même du pardon et de la réconciliation. « *On en vient à se demander : « ai-je vraiment pardonné ? » Se livre alors en notre âme un combat spirituel lié au pardon, dans lequel remontent parfois la blessure, la rancœur, les mauvaises pensées contre l'autre, la colère, le sentiment d'injustice. S'il ne faut pas idéaliser l'amour, il ne faut pas non plus idéaliser le pardon[87] ».* C'est alors que la prière peut être un aiguillon pour écourter ce temps nécessaire. Elle permet notamment de se rappeler l'invitation évangélique : « *Quand tu vas présenter ton offrande à l'autel, si là tu te souviens que ton frère a quelque chose contre toi, laisse-là ton offrande devant l'autel, et va d'abord te réconcilier avec ton frère; viens alors présenter ton offrande* » *(Matthieu 5,23-24).*

Dans tous les cas, le pardon acquis vient réparer, retisser le lien d'amour, réconcilier. Il est un pont qui permet de franchir le creux de la déception, la faille de l'offense. Il n'est pas nécessairement oubli (tout dépend des circonstances de la « faute »), mais il est don renouvelé de l'amour « par dessus » l'affaiblissement ou l'effondrement de l'amour antérieurement promis et maintenant meurtri. Il libère de la rancœur et soigne la blessure. La force du pardon, par la confiance renouvelée, est de transfigurer l'échec de l'amour en un nouveau départ de la relation conjugale qui s'en trouve purifiée et fortifiée. Et c'est la fidélité du pardon de l'un·e qui génère la fidélité de l'amour de l'autre.

Le pardon est ainsi le salut du lien conjugal et le signe que les cœurs troublés ont retrouvé la paix. Béatitude de la douceur et de la paix, source d'espérance, il ouvre un nouvel avenir[88]. Il trouve sa force dans la miséricorde divine :

---

[87] Pierre-Marie Castaignos, *Se marier et durer*, Paris, Salvator, 2012, page 120.
[88] Sur le pardon, lire Jean Laffitte, *Le pardon transfiguré*, Paris, L'Emmanuel / Desclée, 1995 ou encore Jean Monbourquette, *Comment pardonner*, Collection spiritualité, Montrouge, Bayard, 2010. Lire aussi l'analyse proposée par André Wénin des conséquences de la violence meurtrière de Caïn, in *D'Adam à Abraham ou les errances de l'humain*, Lire la Bible, Paris, Cerf, 2013, pages 153 et sv.

« *Comme le Seigneur vous a pardonné, faites de même vous aussi* » *(Colossiens 3,13)*. Il est la plus belle manière d'aimer comme Dieu nous aime, lui qui a multiplié les alliances avec son peuple trop souvent infidèle. Et d'aimer comme Christ nous a aimés, lui qui a donné sa vie pour que l'humanité puisse retrouver la Vie.

Le pardon est donc indispensable à la vie du couple qui peut ainsi perdurer malgré les accrocs et les péripéties « *L'amour n'entretient pas rancune (...), il excuse tout* » *(1 Corinthiens 13, 5,7)*. A Pierre qui demandait combien de fois il doit pardonner à son frère qui a commis une faute à son égard, Jésus dit : « *Je ne te dis pas jusqu'à sept fois, mais jusqu'à soixante-dix fois sept fois* » *(Matthieu 18,21-22)*.

***

Le « travail de l'amour », qui doit évidemment être réciproque pour éviter toute dérive psychologique malsaine, est l'œuvre attentionnée de chaque partenaire. Il participe à sa sanctification. Il apprend en effet à se libérer de ses désirs premiers qui incurvent sur soi-même et rétrécissent le regard, pour au contraire prendre en compte l'autre et le faire grandir dans tout son être. Il n'est pas le fruit d'un effort volontariste mais plutôt comme une lente maturation inspirée par l'amour qui réforme, ajuste, remodèle, sculpte la personnalité de chaque partenaire pour la rendre ouverte et disponible à l'autre. Il révèle la charité que chacun·e déploie à l'égard de son partenaire.

En termes de foi, c'est l'Esprit Saint, source de tout amour, qui inspire la charité qu'il convient de mettre en œuvre selon les diverses situations. La vie de couple est un chemin pascal de conversion et le « travail de l'amour » peut en paraître comme le versant ardu, parfois crucifiant. L'Esprit qui l'inspire et l'accompagne fait de chacun·e des partenaires le gardien de son frère, la gardienne de sa sœur, tout à l'opposé de la figure de Caïn (Genèse 4,9) ; il transforme le cœur de pierre en cœur de chair (Ezéchiel 36,26) ; il engendre l'Alliance en tissant entre les partenaires, chaque jour davantage, des liens puissants qui les engagent dans une joyeuse interdépendance dans le respect des personnes. Le couple avance ainsi vers Dieu avec un cœur libre et tendre, dans une confiance réciproque totale et une paix profonde. Ce chemin va à la lumière et à la joie de la résurrection, plénitude de vie du « je » et du « tu » dans le bonheur du « nous » de l'amour.

* * *

TROISIÈME CHAPITRE

Au fil des jours, vivre l'alliance

L'histoire d'un couple est faite à la fois de « riens » et d'évènements plus forts, jalons qui transcendent la banalité du quotidien. C'est l'histoire d'une promesse : se faire confiance inconditionnellement pour faire route ensemble, promesse dite une fois pour toutes, mais qui s'incarne au jour le jour dans les méandres de la vie. C'est l'histoire de la grâce divine, don offert une fois pour toutes quand, dans sa providence, Dieu a « présenté » l'un·e à l'autre (Genèse 2,22), mais grâce qui se déploie durant toute la vie du couple. C'est l'histoire d'une alliance où se joue l'engendrement mystérieux, patient et silencieux d'un bonheur de vivre à deux : où à la fois chacun·e sait tout de l'autre et n'en sait rien, car il le·la laisse être ce qu'il·elle est : un être unique à ses yeux, toujours d'une surprenante nouveauté, source d'émerveillement.

Le bonheur de s'aimer est le fruit du « travail de l'amour » longuement décrit précédemment, qui est déjà charité en acte, fruit de l'Esprit. Ce bonheur est résurrection, au sens où tout d'abord il nous arrache des ténèbres mortifères d'une solitude douloureuse ou de l'illusion de la passion, toutes deux générant l'enfermement sur soi-même. Au sens où il chasse la peur qui engendrait une volonté de puissance aussi fallacieuse que destructrice dans le vain espoir de défendre son moi. Au sens encore qu'il nous sort du repli sur soi et de cet univers sombre dont nous a rendu captif l'oubli de la Parole de Dieu (cf Genèse 3). Au sens qu'il constitue l'avant-goût d'une innocence retrouvée qui nous rétablit en « être pour l'autre ». Ce bonheur est réconciliation fondamentale de soi avec soi, de soi avec l'autre, avec l'Autre. Il témoigne de la solidité du « nous » qui traduit la réalité du couple ne faisant qu'une « seule chair », et non pas « une + une » personnes juxtaposées.

Il serait erroné de croire qu'il y ait un « avant » qui serait le temps de ce travail plus ou moins ardu et nécessaire pour s'ouvrir à l'autre, puis un « après » qui serait le temps d'un bonheur sans fin. En réalité, les deux se compénètrent. Cette résurrection est un « déjà là » et un « pas encore là », toujours en genèse jusqu'à son plein accomplissement, fragile. De sorte que le « travail de l'amour » est toujours à reprendre, à poursuivre quotidiennement[89]. La sanctification se réalise tout au long de la vie du couple dont l'amour évolue et croît progressivement jusqu'à sa plénitude.

---

[89] Dans son exhortation apostolique post-synodale *Amoris laetitia - La joie de l'amour*, le Pape François, dit (n°218) : « *Je voudrais insister sur le fait qu'un défi de la pastorale matrimoniale est d'aider à découvrir que le mariage ne peut se comprendre comme quelque chose d'achevé. L'union est réelle, elle est irrévocable, et elle a été confirmée et consacrée par le sacrement de mariage. Mais en s'unissant, les époux deviennent protagonistes, maîtres de leur histoire et créateurs d'un projet qu'il faut mener à bien ensemble. Le regard se dirige vers l'avenir qu'il faut construire quotidiennement, avec la grâce de Dieu...* ». Il en est de même que les couples soient hétérosexuels ou homosexuels.

Car de même que le Christ ressuscité inaugure les temps nouveaux mais que son Esprit, rendu à son dernier souffle, doit pénétrer le monde pour que celui-ci devienne un jour Royaume de Dieu, de même le germe de résurrection déposé par Dieu dans le cœur de ceux/celles qu'il a fait se rencontrer, doit grandir et se transformer sous l'effet du « travail de l'amour » pour que la joie de l'alliance atteigne sa pleine réalité.

Vivre l'alliance, c'est ainsi faire retour à l'Eden, au « paradisum voluptatis » comme traduit Saint Jérôme, au jardin/enclos qui protège l'amour afin que celui-ci puisse résonner de toutes ses harmoniques : « *Le plaisir n'étant plus seulement le ressenti éphémère qui suit une rencontre mais la vibration de ce plaisir qui continue à irriguer l'existence au delà de l'instant, plaisir métaphysique au delà du besoin : volupté ! Réaction en chaîne : jouissance au delà du plaisir, volupté au delà de la jouissance, éternité et immortalité au delà de la volupté*[90] ». Cet amour implique la patience qui diffère à plus tard la jouissance, la lenteur qui donne son prix à la durée ouvrant l'accès à la maturité, la liberté qui sait dire non pour respecter la limite, la cohérence qui le fait tenir à la fois égal et dynamique dans l'existence. Cet amour se pense éternel[91].

Bonheur de vivre à deux -- bonheur fragile et toujours menacé par la pesanteur de l'existence -- bonheur de vivre l'alliance devant Dieu.

---

[90] Marc-Alain Ouaknin, *Genèse de la Genèse*, Paris, Diane de Selliers, 2019, page 111.
[91] Je m'inspire librement des propos de Marc-Alain Ouaknin dans son commentaire de Genèse 2,1-25.

1. Le bonheur de vivre à deux
Un cœur libre et tendre

Lorsque chacun·e n'est plus encombré·e de soi parce que tendu·e vers l'autre à qui toute l'importance est accordée, que le « je » et le « tu » sont devenus simples, sans fard et dépourvus de toute domination sur l'autre, que chacun·e est « livré·e » à l'autre dans sa vérité authentique, que le respect mutuel est total, alors la parole d'amour échangée est créatrice d'une interdépendance harmonieuse. Celle-ci paradoxalement est source de liberté intérieure. L'amour en effet bannit toute crainte de jugement, de châtiment ou de représailles (1Jean 4,18). Et de ce fait il rend libre d'être pleinement soi-même : mystère de la parole d'amour qui délie l'autre jusque là enchaîné·e dans ses angoisses et ses peurs, sa culpabilité, ses colères, en lui permettant d'aller jusqu'au bout de lui-même/d'elle-même, en lui révélant toute sa beauté intérieure.

L'échange des regards éclaire les visages, désarme et rend responsable de l'autre dans toute sa vulnérabilité. Emmanuel Lévinas a montré comment l'expérience d'autrui passe par le visage, qui excède toute description possible (couleur des yeux, forme du nez...), parce qu'il est d'abord misère, vulnérabilité, dénuement qui me supplient, demande de tendresse et d'amour.

« Le visage est sens à lui seul. Toi, c'est toi. En ce sens on peut dire que le visage n'est pas « vu ». Il est ce qui ne peut devenir un contenu que votre pensée embrasserait ; il est l'incontenable, il vous mène au delà. C'est en cela que la signification du visage le fait sortir de l'être en tant que corrélatif d'un savoir. Au contraire, la vision est recherche d'une adéquation ; elle est ce qui par excellence absorbe l'être. Mais la relation au visage est d'emblée

éthique. Le visage est ce qu'on ne peut tuer, ou du moins ce dont le sens consiste à dire : « Tu ne tueras point ». (...) Le « Tu ne tueras point » est la première parole du visage. Or c'est un ordre. Il y a dans l'apparition du visage un commandement, comme si un maître parlait. Pourtant, en même temps, le visage d'autrui est dénué; c'est le pauvre pour lequel je peux tout et à qui je dois tout. Et moi, qui que je sois, mais en tant que « première personne », je suis celui qui se trouve des ressources pour répondre à l'appel[92] ».

Et que dire de la délicatesse d'un sourire, de la douceur d'un baiser, de la résonance insoupçonnée d'une caresse, qui unifie et fait vivre ? « *Merveille du toucher ; merveille de la peau, lisière de l'âme ; porte du soi, entrée privilégiée de l'intériorité.(...) Toucher, se laisser toucher : sans imposer, sans s'imposer ; sans retenir, jamais pour enfermer, jamais pour enchaîner ; toucher pour faire ex-ister. (...) Consentir à être touchants et touchables ; en devenir mutuellement vivants[93]* ».

Connivence aussi des intelligences, qui concourt à l'entente et à l'unité du couple. Complicité faite de la même approche des réalités, même si les appréciations personnelles peuvent diverger et donner lieu à des échanges animés. Entente forgée par l'admiration et l'étonnement réciproques, dans laquelle le dialogue et l'humour se pratiquent sans crainte, chacun·e valorisant l'autre dans une joie de vivre insouciante. Cette connivence permet découvertes artistiques et élargissement des

---

[92] Emmanuel Levinas, *Ethique et infini - Dialogues avec Philippe Nemo*, Paris, Fayard, 1982, pages 91 et sv.
[93] Raphaël Buyse, *Serre-moi plus fort la main*, http://raphaelbuyse.wordpress.com.

goûts grâce aux propositions de chacun·e. Elle suscite un climat de confiance intellectuelle qui enrichit chacun·e.

C'est aussi tout le mystère de la tendresse. Elle est cette qualité de douceur et de confiance qui circule entre deux personnes qui se reçoivent mutuellement, dans laquelle chacun·e accepte l'autre tout entier. Elle s'oppose à la convoitise, à la dureté du cœur et à l'indifférence. Ce n'est pas un sentiment mais la qualité de la relation à l'autre. Elle est le langage de l'amour, à la fois spirituel et incarné dans les gestes du corps. Elle unifie ainsi tout l'être. Elle révèle le désir d'être avec l'aimé·e, dans un élan tellement confiant. Bras ouverts du pauvre qui reçoit : « *Je suis à mon Bien-Aimé, vers moi se porte son désir* » *(Cantique des Cantiques 7,11)*. Amour qui murmure : « *Je suis pour mon Bien-Aimé, mon Bien-Aimé est pour moi* » *(Idem 6,3)*[94]. Ainsi goûter la présence de l'autre, sel de sa vie, est comme un émerveillement renouvelé au fil des jours : « Tu as tellement de prix pour moi ! ».

Il est important et vital de se dire : « Je t'aime », d'exprimer toute sa reconnaissance et sa gratitude pour ce que l'autre est **et** ce qu'il·elle me fait devenir. Car l'échange sincère et renouvelé des paroles d'amour attestent de la réalisation effective de la promesse de se rendre heureux. C'est pourquoi il y a une nécessité joyeuse à se les redire pour constater l'attachement de l'un à l'autre qui s'est noué au fil des jours, garant de la durabilité du couple... et le désarroi qui surgirait s'il venait à disparaître. Les liens qui se tissent inexorablement au jour le jour entre le « je » et le « tu », génèrent vraiment « une seule chair », un « nous » qui peut désormais s'élancer dans le monde et envisager des réalisations communes.

---

[94] Dans la traduction de Jean-Yves Lelou, Paris, Presse du Châtelet, 2017.

La communion de deux êtres qui s'aiment tendrement se nourrit de cette compénétration des âmes, du don réciproque de tout ce qu'ils sont, don d'eux-mêmes qui n'est ni sacrificiel ni fusionnel mais délectation de leurs ressemblances et partage de leurs différences. Parce que je reçois, je deviens capable de donner à mon tour. Et que de découvertes faites grâce à l'autre ! C'est toute la palette des émotions, des goûts, des idées qui s'élargit, c'est tout l'être qui se dilate, éveillé et transformé par la présence ineffable de l'autre. Tel est l'amour émerveillé qui fait toute la joie du couple.

Un cœur confiant et en paix

L'amour partagé procure un sentiment de sécurité face à nos fragilités, une tranquille confiance en soi et en l'autre, une paix intérieure et l'harmonie du couple.

Y concourent bien sûr l'apaisement des passions possessives et de la convoitise, la disparition de la crainte d'une sexualité brutale et abusive (notamment entre hommes), la révélation substituée d'une sexualité vécue dans l'écrin de la tendresse. L'humour, le rire, le regard attendri, permettent le décalage de soi, de se mettre un peu plus à la place de l'autre, de chasser la rigidité de qui croit avoir toujours raison. La compréhension, la compassion, la valorisation de chacun·e, le dialogue paisible pour régler les questions du quotidien, la confiance dans le pardon donné, permettent l'abandon réciproque dans l'intimité partagée. Le service mutuel garantit que chacun·e peut compter sur l'autre. Un double sentiment d'apaisement des angoisses passées et de sécurité pour le présent peut prospérer.

Cette paix intérieure progresse au fur et à mesure de l'intégration de toutes les puissances de son être, fruit de la tendresse échangée.

Benoît XVI note dans son encyclique « Deus caritas est »[95] : « *Eros et Agapè - amour ascendant et amour descendant - ne se laissent jamais séparer complètement l'un de l'autre. Plus ces deux formes d'amour, même dans des dimensions différentes, trouvent leur juste unité dans l'unique réalité de l'amour, plus se réalise la véritable nature de l'amour en général. Même si initialement, l'éros est surtout sensuel, ascendant - fascination pour la grande promesse de bonheur -, lorsqu'il s'approche ensuite de l'autre, il se posera toujours moins de question sur lui-même, il cherchera toujours plus le bonheur de l'autre, il se préoccupera toujours plus de l'autre, il se donnera et il désirera « être pour » l'autre. C'est ainsi que le moment de l'agapè s'insère en lui, sinon l'éros déchoit et perd aussi sa nature même* ».

Dans l'amour, sexualité, sensibilité et affection, intelligence sont en effet engagées dans une même visée partagée : aimer l'autre et se laisser aimer par l'autre. Ainsi corps, cœur et esprit vivent accordés. Le corps en particulier retrouve sa pleine vocation sponsale et peut devenir temple de l'Esprit (1 Corinthiens 6,19) ; tout l'être unifié est action de grâce[96]. Un sens est donné à sa vie, qui génère une grande confiance en soi et une grande paix.

Un tel couple est fidèle de cœur et de corps, car introduire un tiers reviendrait à briser l'unité qui le constitue.

---

[95] Benoît XVI, Lettre encyclique sur l'amour chrétien *Deus caritas est* du 25 décembre 2005 n°7.
[96] Michel Anquetil, *Chrétiens homosexuels en couple, un chemin légitime d'espérance*, Saint-Denis, Edilivre, 2018, page 50 et sv.

La confiance inconditionnelle donnée l'un·e à l'autre garantit à la fois l'autonomie de chacun·e et l'obéissance réciproque, source d'harmonie entre les partenaires. Chacun·e jouit de la liberté de parler, d'entreprendre, de rencontrer, sans autorisation préalable ou sans crainte de la suspicion, de la jalousie ou du jugement de l'autre. Point de comptes à rendre, car il-elle sait bénéficier a priori de sa confiance... qui servira en même temps de mesure, de limite, à cette liberté. L'amour pressent intimement ce qu'il est possible de faire seul et ce qu'il convient au contraire de faire seulement avec l'accord de l'autre, ou encore ensemble à deux.

Inversement, la confiance fait accéder à une saine/sainte « indifférence » qui rend docile à l'autre et évite de se crisper sur sa propre préférence. Elle accueille sereinement la proposition de l'autre : état d'esprit à rapprocher de celui décrit dans la prière célèbre du patriarche Athénagoras. « *Il faut arriver à se désarmer (...) mais maintenant je suis désarmé. Je n'ai plus peur de rien, car l'amour chasse la peur. Je suis désarmé de la volonté d'avoir raison, de me justifier en disqualifiant les autres. Je ne suis plus sur mes gardes, jalousement crispé sur mes richesses. J'accueille et je partage. Je ne tiens pas particulièrement à mes idées et mes projets. Si l'on m'en présente de meilleurs, ou plutôt non pas meilleurs, mais bons, j'accepte sans regrets. J'ai renoncé au comparatif. Ce qui est bon, vrai, réel, est toujours pour moi le meilleur. C'est pourquoi je n'ai plus peur...*[97] ».

La confiance réciproque ouvre l'âme à la fois à cette liberté et à cette paix.

---

[97] www.ndweb.org/2015/11.

Le charme de la vie commune

S'appuyant sur ces dispositions de leur cœur, sur la force, la sagesse, le jugement, les capacités de l'un·e et de l'autre, les partenaires trouvent le courage et l'audace nécessaires pour choisir leur style de vie à la fois sans trop de perméabilité aux normes extérieures qui peuvent faire intrusion dans l'intime du couple... sans toutefois tomber dans une opacité qui pourrait autoriser des comportements déviants. Audace de résister aux modes, coutumes, recommandations et impératifs des prétendus « sachants » au sein des familles d'origine, comme des maîtres d'opinion ou de morale. Pour tout simplement prendre la liberté de vivre leur vie comme ils·elles l'entendent, paisiblement et joyeusement.

Il y a alors, dans cette vie commune ainsi inventée et personnalisée par le couple, comme une douceur des choses[98]. Le contrat conjugal et les rituels dont nous avons déjà parlé, l'habitude et la prévisibilité qu'ils assurent, sont rassurants. Ils sécrètent une familiarité qui n'est pas répétition ennuyeuse mais douceur reposante du quotidien. C'est le charme d'une « maison » aménagée au goût du couple et où le quotidien se déroule sans tracas. Ce qui n'interdit pas la manifestation d'une surprise, d'un « extra » à certaines occasions sortant de « l'ordinaire » : réceptions familiales ou amicales, anniversaires ou fêtes, rencontres fortuites etc... Ni le « petit rien décalé » qui vient rompre, mais si peu, la banalité du quotidien en l'habillant d'une couleur nouvelle : « *C'est dans la sécurité de l'archiconnu qu'on a les moyens d'appréhender le*

---

[98] Claude Habib, *Le goût de la vie commune*, Paris, Flammarion, 2014, pages 35 et sv.

fait nouveau[99] ». Ni bien sûr de négocier les changements qui s'imposent en fonction de situations nouvelles. Car il ne faut évidemment pas confondre cette douce familiarité qui sait s'adapter quand il le faut, avec une vie réglée et intangible qui se sent menacée par tout changement qui ébranlerait l'équilibre du couple, bien fragile en réalité !

Quand elle est saine, cette familiarité inscrit simplement dans la banalité du quotidien les liens qui unissent le couple, et traduit son accord profond.

La vie commune réserve aussi au couple le charme d'une intimité à deux : le plaisir de faire plaisir à l'autre en le servant au mieux. Mais ce peut être aussi la liberté d'un certain laisser-aller reposant, de pouvoir faire place au naturel, à la détente : « *Etre ensemble exclut l'embarras. L'intimité est cette relation unique qui parvient à nouer l'élégance et le sans-gêne, les égards et la liberté[100]* ».

Le silence peut régner sans susciter d'inquiétude, car il s'agit d'un silence dense, enrichi par la présence de l'un·e et de l'autre. Inversement, ce peut être tout le plaisir de la conversation : c'est un luxe de ne pas être seul mais, au retour d'une activité ou d'une rencontre personnelle, pouvoir partager avec son/sa partenaire son ressenti, ses impressions, ses émotions ou ses interrogations. Ou encore discuter d'un spectacle, d'une lecture, d'une information, découverts ensemble.

C'est aussi la liberté d'engager le corps dans cet enchantement d'une vie aimable, par un échange sexuel ... facile à opérer au moment même où le couple le désire et sans autre condition !

---

[99] Ibidem page 41.
[100] Ibidem page 47.

La vie commune aide encore à traverser les heures sombres du deuil, en offrant assistance et protection, communion dans l'affliction, réconfort et consolation.

Dans un tout autre ordre, vivre à deux permet une certaine sécurité matérielle, notamment en cas de maladie ou de chômage, l'entraide mutuelle pouvant s'exercer alors à plein. Elle assure aussi une certaine prospérité économique, les charges fixes étant à peu près les mêmes qu'on vive seul ou à deux. Le couple peut alors trouver l'audace et la force d'entreprendre des réalisations communes qui n'auraient peut-être pas pu être menées à bien dans la solitude, ou en tout cas pas avec le même plaisir : voyages plus ou moins lointains ou exotiques, réalisation de projets professionnels, achats conséquents (immobiliers en particulier), engagements divers etc... Toutes ces réalisations communes fortifient la joie et la fierté du couple et constituent un capital commun qui participe à renforcer l'attachement affectif réciproque.

Ces facilités que la vie commune autorise, ne constituent cependant pas un cocon qui abriterait un égoïsme à deux, mais au contraire appellent le déploiement d'une générosité à l'égard des tiers : celle-ci fortifie aussi, à sa façon, la joie du couple. Nous y consacrerons le prochain chapitre.

Ainsi le charme de la vie commune suscite au sein du couple une paix, un climat de douceur et d'amabilité, un sentiment de plénitude, qui en assurent la force et la durabilité.

« Oh ! quel plaisir, quel bonheur de se trouver entre frères !

C'est comme l'huile qui parfume la tête et descend sur la barbe,

Sur la barbe d'Aaron qui descend sur le col de son vêtement.
C'est comme la rosée de l'Hermon qui descend sur les montagnes de Sion.
Là le Seigneur a décidé de bénir, c'est la vie pour toujours ! (Psaume 133 (132)).
Même si le psalmiste vise plutôt le charme d'une vie communautaire, ses mots font comme un écho à celui de la cohabitation réussie entre deux qui s'aiment. Eux aussi sont animés par ce même sentiment d'une bénédiction divine, d'une paisible éternité : car « *l'amour est fort comme la mort.* » *(Cantique des Cantiques 8,6).*

2. Un bonheur pourtant toujours fragile

L'ennui s'invite parfois dans la vie du couple qui ne saurait vivre en permanence à l'acmé, en pleine tension vers son idéal, dans le pur désirable. Comment en effet serait-ce vivable longtemps ? Il faut savoir traverser ensemble les moments dont il n'y a rien à dire, qui sont dépourvus d'intérêt, sans passion, sorte de flux monotone sans évènement satisfaisant. La routine du quotidien, la grisaille professionnelle, voire celle des mondanités, ou encore l'absence d'occupations et le vide de l'existence, renvoient à un sentiment d'inutilité ou d'impuissance. « *Vanité des vanités, dit Qohéleth, vanités des vanités, tout est vanité* » *(Qohéleth 1,1).*

Il n'y a pas lieu de s'en culpabiliser et ils ne signifient pas que le couple va mal. Claude Habib dit justement : « *Vivre à deux, c'est être capable de s'ennuyer ensemble. Par conséquent, l'ennui n'est pas un obstacle à la vie de couple (...) Ne jamais s'ennuyer est une aspiration puérile, comme vivre sans dormir, ce vœu des petits enfants ...*[101] ». Elle distingue cependant deux types d'ennui : celui qui permet le contact avec soi-même, dans une sorte de rumination intérieure des souvenirs ou des désirs librement reliés entre eux, et celui qui provient du confinement, de la contrainte dont on ne peut sortir. L'épreuve de l'ennui invite donc à une vigilance sur sa signification au regard du lien amoureux : est-il un moment de « relâche », un répit, avant une nouvelle affirmation, *ou* la première étape d'un « relâchement », d'un fléchissement, annonciateur d'une dissolution ? Dans cette dernière hypothèse, s'ouvre un épisode dangereux, l'acédie du couple, piège mortel dont il faut échapper.

L'acédie du couple

Le concept très ancien d'acédie vient de la spiritualité monastique[102] mais caractérise bien l'évolution du couple chaque fois que la satisfaction qu'il tire de son existence s'obscurcit et s'étiole, que le couple entre dans une sorte de marasme[103].

L'acédie survient souvent à l'occasion des crises auxquelles le couple est tôt ou tard confronté. C'est par exemple quand la passion originelle s'estompe et doit faire place à une affection plus sage, fondée sur une connaissance plus réaliste de l'autre. C'est encore lors de la

---

[101] Claude Habib, *Le goût de la vie commune*, Paris, Flammarion, 2014, page 17.
[102] Sur le sujet, lire Jean-Michel Nault, *La saveur de Dieu. L'acédie dans le dynamisme de l'agir*, Collection Cogitatio Fidei, Paris, Cerf, 2006.
[103] Pour une approche plus psychanalytique, lire Jean-G Lemaire, *Le couple : sa vie, sa mort*, Paris, Payot, 2005, 3ème partie, pages 190 et sv.

« crise de la quarantaine[104] », crise existentielle qui fait prendre conscience des limites de son existence, d'une certaine usure : les raisons pour lesquelles on avait choisi son conjoint ne semblent plus d'actualité, un désir de recommencer, de reprendre sa vie, affleure. C'est aussi le moment délicat où les deux partenaires prennent leur retraite professionnelle et se retrouvent « face à face » tout au long des journées[105]. Ou encore à l'occasion du deuil d'un proche qui provoque un repli sur soi.

D'une manière générale, c'est un fait que les corps et les personnalités changent inévitablement avec l'âge ; l'attirance sexuelle parfois décline ; le contrat conjugal et les rituels du quotidien semblent devenir obsolètes et ennuyeux. Autant de raisons qui remettent en question ou même bouleversent les raisons du choix initial et les équilibres du couple.

Normalement, ce sont des moments où de nouvelles modalités de la vie à deux sont imaginées, où de nouvelles raisons de se choisir et de vivre ensemble sont inventées. Même si des sentiments confus s'entremêlent un temps dans le cœur, la décision de s'aimer est maintenue vivante au jour le jour, la crise devient chemin de croissance et d'approfondissement[106].

Pourtant il n'en va pas toujours ainsi. L'absence de prise de conscience des causes du malaise ressenti, la paresse d'en parler ensemble, la faiblesse pour créer du neuf, conduisent dans le meilleur des cas à se réfugier dans une sorte de « coexistence pacifique » qui n'est plus source de

---

[104] Yvon Dallaire, *Qui sont ces couples heureux ?*, Le livre de poche (option santé), 2008, n° 10032, pages 161 et sv.
[105] Ibidem page 167.
[106] Cf Pape François, Exhortation apostolique post-synodale *Amoris Laetitia - La joie de l'amour* n° 163.

vie ; et dans le pire, à des agacements réciproques de plus en plus pénibles. Les disputes surgissent à propos de détails ou de broutilles, les critiques fusent, la suspicion ou la jalousie deviennent latentes, chacun·e se sent menacé·e dans son autonomie. Le piège de l'acédie se referme.

L'acédie se caractérise par l'affaiblissement, voire l'effondrement, de l'amour (amour pour Dieu s'il s'agit du moine, amour du partenaire s'il s'agit du couple) et par une certaine paralysie dans l'action (la liturgie, la recherche d'une vie bonne, le travail pour le moine, le « travail de l'amour » et la vie commune pour le couple).

Altération de l'amour : les partenaires n'ont plus rien à se dire, n'ont plus plaisir à échanger leurs paroles d'amour. Une certaine lassitude, une langueur, une atonie, un abattement les envahissent quand ils.elles se retrouvent face à face ; un silence pesant croît progressivement entre eux, la tristesse remplace la joie. Ils ne communiquent plus ou mal. Ils croient se connaître par cœur, l'autre n'intéresse plus ! Les échanges sexuels se raréfient, sans plaisir, parfois même générant une certaine aversion. Les cœurs se durcissent, la paix intérieure se trouble, les anciennes angoisses resurgissent, les doutes et les critiques sapent l'image de l'autre, progressivement obscurcie. La confiance s'effrite tandis que la méfiance s'installe. L'autre est rendu responsable de cet échec et n'est plus que le bouc-émissaire de son propre mal-être. Le sentiment amoureux n'est plus.

Paralysie de l'action : en corollaire, survient l'altération du goût de poursuivre le « travail de l'amour », qui devient un effort impossible. Or une fois celui-ci oublié ou négligé, l'égoïsme et l'autosatisfaction reviennent en force. A quoi bon s'écouter mutuellement, se dévoiler, supporter des défauts qui deviennent insupportables et font souffrir, passer du temps à négocier ce qui sera vite critiqué et remis en cause, servir l'autre qui n'échange plus que critiques humiliantes, pardonner en vain et sans retour ? Le cœur n'y est plus, le découragement s'installe : il. elle ne changera pas ! « *Je suis à bout de souffle, j'ai le cœur ravagé* » *(Psaume 143 (142), 4)*. Le charme de la vie à deux est rompu, la vie commune est fuie, chacun·e n'y participe plus et développe ses activités propres, bonnes ou mauvaises occasions pour s'en éloigner. Le couple se délite, le risque de l'adultère grandit, la tentation de rompre et refaire sa vie devient lancinante.

Ainsi l'acédie sape petit à petit et finalement anéantit la promesse dite autrefois de se rendre heureux ... mais il y a si longtemps et à laquelle aujourd'hui on ne croit plus ! Elle lui fait perdre son sens, son sel, l'espérance qui en est le cœur : un amour pour toujours ! Ce n'est pas seulement la fidélité sexuelle qui est en danger ou remise en cause, c'est d'abord celle du cœur.

Comment éviter cette évolution mortifère ? Comment y remédier ?

D'abord en étant toujours vigilant sur le « tonus » du lien amoureux. Cette veille constante aide à réagir à temps, assez vite pour prévenir une dégradation trop importante et s'en expliquer, prendre les bonnes décisions ... Mais l'acédie s'insinue souvent lentement sous le couvert de la routine, sans qu'il soit facile d'y prendre garde !

La tradition monastique insiste sur les larmes : de fait, elles sont la prise de conscience et l'aveu du besoin de salut, de guérison, de reprise en main de la situation : elles crèvent la carapace qui a pu se former. Elles peuvent jouer le même rôle, et avec la même efficacité, pour le couple.

L'essentiel reste de retrouver « malgré tout » la volonté d'aimer, de tenir bon, de persévérer. Malgré toute la déception ressentie, émotion qui est souvent mauvaise conseillère. Car « *celui qui tiendra jusqu'à la fin, celui-là sera sauvé* » *(Matthieu 24,13)*.

Alors que faire ?

En urgence et s'il est encore temps, s'interdire de s'abandonner à « l'adultère ». Il ne pourrait que rendre la situation irréversible. « *Ne te laisse pas vaincre par le mal mais sois vainqueur du mal par le bien* » *(Romains 12,21)*. Et donc être prudent·e dans ses relations amicales ou ses fréquentations, sans présumer de ses forces, en étant conscient·e que tout n'est pas possible, qu'il y a des situations inutilement risquées qu'il convient d'éviter. Renoncer aux idoles dans la vie de couple, c'est renoncer aux sirènes qui chantent qu'ailleurs, avec un·e autre, je pourrais être plus heureux. Les laisser s'évanouir paisiblement dans le mémorial des rêves inaccomplis !

Le plus important est de discerner ce qui a affaibli et fait « déraper » le couple : la mauvaise communication, les maladresses, les manques, les blessures. Et se protéger des « conseils » des proches respectifs « qui savent » ou croient savoir ! Il est indispensable de vérifier la qualité de la parole échangée et de reprendre l'un·e à l'égard de l'autre le « travail de l'amour » qui a pu être négligé ; d'être encore plus attentionné·e à l'autre et à sa différence, être plus serviable ; de demander bien sûr pardon et pardonner à l'autre.

Il est utile aussi de prendre conscience que la confrontation aux diverses difficultés de la vie a transformé chaque partenaire peu ou prou. D'où la nécessité de repérer et gérer les désirs actuels de chacun·e. Pour cela il faut les reconnaître dans leur force et leur vérité, les laisser s'exprimer, si besoin en en parlant avec un tiers qui pourra les démystifier. Certains désirs se dissoudront, d'autres seront la matière d'un renouveau : à chacun·e de s'expliquer avec l'autre sur son propre désir de faire du neuf, de se montrer créatif. Accepter de se laisser conduire par l'autre partenaire selon ce qu'il·elle est devenu·e maintenant, ailleurs que là où j'avais imaginé aller.

La foi conjugale peut alors renaître. Pour y aider, ensemble ou chacun·e dans sa propre réflexion, il est bon de faire mémoire des raisons qui avaient conduit à s'engager autrefois, de s'appuyer sur la promesse alors échangée de faire tout son possible pour se rendre heureux mutuellement. Exhortation à dépasser l'échec, à se laisser ensemble déranger et déplacer. Se redire à nouveau la beauté intérieure qui habite son/sa partenaire. Méditer dans son cœur la saveur de la tendresse qui avait été échangée par le passé. Se remémorer le goût et les joies de la vie commune, les réalisations communes. L'admiration mutuelle ainsi revivifiée conforte le présent, redonne confiance et stimule un nouvel avenir. Elle permet de régénérer le désir amoureux et de redonner toute sa place à la vie commune en proposant de nouveaux projets à réaliser ensemble.

La vie surgit de la mort et les moments de passage à vide sont là pour susciter le désir du neuf, de rebondir ! *« On ne cohabite pas pour être toujours moins heureux mais pour apprendre à être heureux d'une nouvelle manière, à partir des possibilités qu'ouvre une nouvelle étape*

(...) Chaque crise est perçue comme l'occasion pour arriver à boire ensemble le meilleur vin[107] ».

Enfin pour ceux qui croient, « *il est des moments dans le couple où l'amour de charité qui donne sans attendre de retour permet de soutenir l'autre dans un moment difficile. C'est l'introduction dans le couple de la grande Altérité, celle de Dieu, qui permet de ne pas rester dans le face-à-face de psychologies blessées. L'agapè rassemble, élève et transfigure l'amour du couple. Il élargit le cœur aux dimensions de Dieu[108]* ».

C'est le temps de prier et d'espérer contre toute espérance : croire qu'il s'agit d'une épreuve dont le couple pourra sortir renforcé, et non d'un échec inexorable. Dans la prière, demander à Dieu : « *Que la douceur du Seigneur notre Dieu soit sur nous ! Consolide pour nous l'œuvre de nos mains, oui, consolide cette œuvre de nos mains »* (Psaume 90(89),17). Accepter et ne pas avoir peur de se laisser transformer par l'Esprit pour qu'une solution devienne possible et qu'un nouveau départ advienne. En silence, se mettre en présence du Christ mort et ressuscité pour se laisser regarder par lui, bénéficier de la puissance de son visage[109]. La sanctification passe par la croix et l'espérance de la résurrection qu'elle implique (pour être vraiment la croix chrétienne et non une souffrance inutile).

La fidélité à la promesse échangée est le fruit et le couronnement de l'amour qui triomphe des épreuves. Aussi est-il bon de se rappeler et de méditer à nouveau le don de

---

[107] Pape François, Exhortation apostolique post-synodale *Amoris Laetitia - La joie de l'amour* n°232.
[108] Pierre-Marie Castaignos, *Est-ce lui ? Est-ce elle ?*, Paris, Salvator, 2019, page 146.
[109] Pape François, exhortation apostolique sur l'appel à la sainteté dans le monde actuel *Gaudete et exsultate*, n°151.

Dieu lorsque jadis il nous a « présenté » cet·te autre-ci comme « l'aide » qui nous était vraiment « accordée ». La grâce alors reçue peut donner aujourd'hui encore son plein effet, car « *les dons et l'appel de Dieu sont irrévocables (Romains 11,29)*.

Enfin, il est bénéfique de contempler la fidélité même de Dieu à ses promesses tout au long de l'histoire du salut, puisque sa fidélité est source et modèle de toute fidélité humaine. Le renouvellement de sa foi en un Dieu qui est le même et pourtant toujours autre dans ses révélations et ses interventions, invite à renouveler son désir d'avancer avec l'autre partenaire : lui-même/elle-même aussi est semblable et différent·e dans la durée.

Dieu qui nous aime est fidèle et ne peut abandonner ceux qui le supplient ! En définitive, avec humilité, sincérité et action de grâce, le jour arrivera pour le couple de pouvoir ensemble devant Dieu réitérer la promesse de se rendre mutuellement heureux, en vivant leur partenariat sur de nouvelles bases.

La déchirure du couple

Il peut arriver pourtant que le mal soit trop grand, irréparable, que la relation de couple soit devenue totalement toxique. « *Lorsque la vie devient un enfer, nous avons la possibilité d'en prendre acte et de nous quitter (...). Prenons simplement le temps. Celui de faire la part des choses entre la haine de l'autre et la haine de soi. Entre la place que notre histoire nous assigne et la partition que l'autre nous contraint d'exécuter. Changer de couple n'est pas forcément un changement. Ce peut être simplement répéter ailleurs les ratés de sa propre histoire*[110] ». Accepter alors la prudence d'un retour sur soi, au besoin en se faisant aider par un tiers compétent, et procéder à une relecture de vie sérieuse et décapante.

Le Pape François ne dit pas autre chose, mais en se fondant plutôt sur l'idée de justice à l'égard du conjoint « victime » et des enfants éventuels :

« *Dans certains cas, la valorisation de sa propre dignité (et du bien des enfants) exige de mettre des limites fermes aux prétentions excessives de l'autre, à une grande injustice, à la violence ou à un manque de respect qui est devenu chronique. Il faut reconnaître qu'il y a des cas où la séparation est inévitable. Parfois, elle peut devenir moralement nécessaire, lorsque justement, il s'agit de soustraire le conjoint le plus faible (ou les enfants en bas-âge) aux blessures les plus graves causées par l'abus et par la violence, par l'avilissement et par l'exploitation, par l'extranéité et par l'indifférence. Mais on ne peut l'envisager que comme un remède extrême après que l'on a vainement tenté tout ce qui était raisonnablement possible pour l'éviter*[111] ».

Olivier Abel[112], tout en se faisant le chantre de la fidélité conjugale, invoque le « droit » de rompre, le droit pour le conjoint de pouvoir partir, droit indispensable qui s'inscrit dans l'épopée de l'émancipation des hommes et

---

[110] Serge Hefez avec Danièle Laufer, *La danse du couple*, Paris, Librairie Arthème Fayard, Collection Pluriel, 2010, page 183.
[111] Pape François, Exhortation apostolique post-synodale *Amoris Laetitia - La joie de l'amour* n°241. Les couples hétérosexuels mariés sont supposés avoir des enfants ... mais les couples homosexuels aussi peuvent en avoir !
[112] Olivier Abel, *Rupture et fidélité, institution et conversation conjugale*, in *Les églises face aux évolutions contemporaines de la conjugalité*, s/d I. Grellier, A. Roy et A-L. Zwilling, Strasbourg, Association des Publications de la Faculté de Théologie protestante, 2018, pages 162 et sv.

des femmes et qui donne au lien son caractère de liberté et d'égalité entre les deux partenaires. Droit qui permet de sortir de la servitude, d'échapper au mariage traditionnel indissoluble, lequel relève d'un ordre matrimonial hiérarchique, inégalitaire, subordonné à la filiation et à la procréation. Droit qui garantit en somme l'invention du couple moderne comme liberté à deux. Droit cependant dont il affirme qu'il faudrait paradoxalement ne pas l'utiliser, sauf en dernier recours. Car la fidélité, fragile et dont il faut prendre soin, permet, elle, de ne pas tomber « *dans l'obsession d'émancipation, dépourvue de son contrepoids dans l'alliance, le soin mutuel, le désir de conversation, qui débouche sur une société de solitudes[113]* ».

Le propos d'Olivier Abel ne remet donc pas en cause, au contraire, tout l'effort du couple pour cheminer vers son plein épanouissement. Ce philosophe veut seulement éviter que cet effort ne se retourne contre l'intérêt bien compris des partenaires. Pour le dire autrement, tout volontarisme excessif n'est pas bon car il n'y a d'amour véritable que là où la liberté se déploie. Quand la séparation se révèle inévitable, les partenaires souhaitant rester dans une visée de sanctification peuvent alors, au delà de leur souffrance bien réelle et de la rupture, s'efforcer d'entrer sur la voie de la miséricorde mutuelle. Car c'est aimer encore que présenter le visage de l'Ami à ceux qui ont soif d'être pardonnés.

---

[113] Ibidem page 174.

La brisure du couple et le deuil

« *Quel homme vivrait sans voir la mort ?* » *(psaume 89 (88), 49)*. La mort corporelle est la fin naturelle du couple, tantôt brutale, tantôt précédée d'un temps difficile pendant lequel l'un·e voit l'autre dépérir au fur et à mesure que la maladie fait son œuvre. Et lorsque les deux parviennent ensemble au grand âge, quand les forces manquent, quand le corps, parfois l'esprit, fait défaut, la question lancinante, souvent gênante à évoquer, est de savoir lequel/laquelle partira en premier. Heureux les partenaires qui comblés de jours, font preuve de réalisme, s'y préparent et parviennent à valoriser au mieux les derniers feux de leur amour. Il est émouvant et beau de voir deux personnes âgées exprimer encore l'une à l'égard de l'autre leur tendresse et leur souci de prendre soin de l'autre.

Il est rare en tout cas que les deux partenaires soient égaux dans leur faiblesse et meurent ensemble. « *Pour celui qui meurt le premier, et pour lui seul, hélas, le couple joue pleinement son rôle. L'autre est laissé au milieu du gué. Pour le survivant, le « toujours » sentimental s'avère mensonge, alors que le mort a eu le loisir de mourir en y croyant. C'est donc une promesse à moitié fausse, à moitié vraie (....) Comment vivre sans toi ? (...) Qui peut fournir cet énorme effort d'adaptation, et sans la moindre rétribution affective. Entrer dans l'époque aride où rien d'heureux n'arrivera plus*[114] ».

Indépendamment de la douleur de la perte affective de l'être cher, de l'angoisse devant la solitude dans laquelle il faut entrer, peut-être y-a-t-il dans l'expérience de la mort

---

[114] Claude Habib, *Le goût de la vie commune*, Paris, Flammarion, 2014, pages 162 et 164.

du conjoint ce sentiment de frustration, parfois même une culpabilité de lui survivre.

Passé le premier temps de la déchirure et des larmes, plus ou moins long, le deuil amène à renoncer à prolonger inutilement la douleur, car le·la défunt·e n'a nul besoin de notre souffrance ; et pour cela à ne pas/plus idéaliser le·la défunt·e, ou la vie commune partagée avec lui/elle, sans pour autant en dénier la juste valeur. Il n'est jamais sain de s'accrocher à un passé qui n'existe plus. Ainsi Jésus invite le scribe à le suivre et (par conséquent) à laisser les morts enterrer les morts (cf Matthieu 8,22) : invitation à rester dans le monde des vivants et à poursuivre sa tâche d'homme et de femme. Le travail de deuil conduit alors à découvrir qu'un avenir est encore ouvert devant soi, qu'une « œuvre » de reconstruction se présente : vivre, tout simplement. C'est évident pour un·e plus jeune, mais vrai aussi pour un·e aîné·e.

En réalité, vivre ne veut jamais dire être dans l'oubli et n'exclut pas une forme de fidélité au défunt. Comment du reste ne pas se souvenir des joies passées, des réalisations communes ? Il s'agit plutôt de prendre la juste distance pour ne pas être paralysé par le passé et trouver l'énergie de bâtir du neuf.

Il peut être plus ou moins difficile pour les personnes LGBT de « refaire sa vie » et trouver un autre compagnon, une autre compagne : l'environnement social gay en particulier n'est pas toujours tendre avec qui n'est plus tout à fait jeune, même si aujourd'hui cela s'avère moins systématique. En fait tout le processus de la rencontre, précédemment analysé, est à reprendre, aidé de l'expérience vécue, pour prendre son envol et inaugurer une nouvelle relation, différente mais aussi belle, peut-être plus belle encore.

Si le survivant, la survivante reste seul·e, il lui est possible d'établir un lien non plus physique mais spirituel avec une présence mystérieuse de l'autre : le lien affectif perdure, un dialogue invisible s'instaure, qui pour être sain, doit être encouragement à vivre, à prolonger le « nous » dans des engagements amicaux et sociaux riches.

La foi en la résurrection est une aide précieuse. Croire que la mort n'est pas la fin de tout, que l'être cher n'est pas voué au néant mais vit encore quoique transformé, invite à le confier au Christ mort et ressuscité pour qu'il le conduise au Père, source de tout amour. Croire qu'il vit dans la paix et que le couple sera un jour réuni dans la lumière divine, ne supprime certes pas la douleur de la séparation présente mais nourrit une espérance qui fait vivre. Le dialogue invisible sus-évoqué prend aussi la forme de la prière d'intercession : prier pour le·la défunt·e mais aussi croire que celui-ci, celle-ci veille à notre protection dans l'attente d'une nouvelle rencontre avec lui, avec elle, dans l'ailleurs du Ciel.

3. Vivre l'alliance devant Dieu

Un couple de même sexe qui veut vivre pleinement son engagement chrétien doit se former, comme tout chrétien, à vivre dans le Christ, avec lui, pour lui. La connaissance de l'Ecriture et sa méditation, des lectures formatrices, la participation à des enseignements ou à des retraites spirituelles, la prière, une vie cultuelle régulière et vivante, favorisent une vie évangélique et renforcent le couple. En effet, une vie fidèle à l'Evangile coïncide et s'harmonise avec les préconisations d'une vie psychologiquement saine : elle la conforte et la complète, comme nous avons tenté de l'illustrer précédemment. Quand l'Alliance est vécue en plénitude sous le régime de la foi, la vie de couple prend une dimension spécifique qui se caractérise en particulier par le regard contemplatif posé sur l'autre partenaire d'une part et par la place de la prière d'autre part.

Un regard contemplatif posé sur l'aimé·e

Nous avons déjà évoqué le regard qui éclaire le visage de son/sa partenaire, qui désarme et rend responsable de l'autre dans toute sa vulnérabilité. Quand ce regard prend une dimension contemplative, l'autre est considéré dans sa totalité, comme une fin en soi, même s'il·elle est malade, vieux ou vieille, ou encore privé·e d'attraits perceptibles[115]. Un tel regard engage vers une perspective spirituelle et fait pressentir dans le visage de l'autre la transcendance qui l'habite. La foi permet d'aller encore plus loin en cette voie.

En effet chacun·e peut contempler alors en l'autre, au delà de sa réalité immédiate, la beauté de la créature que Dieu a modelée. De toute éternité, cette créature a été pensée et aimée d'un amour divin, antérieur à tout amour humain. Son Créateur l'a créée à son image, la désire à sa ressemblance (Genèse 1,26). Ouvrage de sa main, façonnée comme le potier façonne l'argile (Isaïe 64,7), Dieu lui a donné la vie, le mouvement et l'être (Actes des Apôtres, 17, 28). Cette créature, qui est mon compagnon, ma compagne, a du prix aux yeux de Dieu (Isaïe 43,4) !

---

[115] Cf Pape François, Exhortation apostolique post-synodale *Amoris Laetitia - La joie de l'amour*, n°128.

Chacun·e est invité·e encore à contempler tout le mystère de l'amour miséricordieux que Dieu a déployé pour sa créature. Par amour, Il lui a donné son Fils unique pour qu'elle ait la vie éternelle (Jean 3,16). Le Christ l'aime, a souffert sa passion et sa mort pour elle (Galates 2,20), lui a donné l'Esprit qui lui confère la qualité de fils adoptif, de fille adoptive de son Père (Galates 4, 5-6).

Par ces regards échangés, les partenaires contemplent ainsi tout le mystère d'amour divin dont ils sont l'objet, de sorte qu'ils deviennent l'un·e pour l'autre icônes de la présence de Dieu et de sa gloire. Ils sont dans la main de Dieu. Ils connaissent et partagent alors la joie d'une véritable communion spirituelle : Père et Fils demeurent dans leur cœur et viennent « souper » en eux, avec eux (Apocalypse 3,20). C'est un grand facteur d'unité pour le couple : « *Qu'ils soient uns, comme toi, Père, tu es en moi et moi en toi, qu'ils soient en nous eux aussi » (Jean 17,21).*

Cette présence de Dieu garantit l'altérité des partenaires : ils·elles savent que leur appartenance à Dieu est première. Cette présence les protège donc du risque de vouloir se posséder, fusionner ou se dominer. A la fois elle les sépare et les unit dans un amour totalement respectueux l'un·e de l'autre. L'autre est aimé·e pour sa beauté intérieure et reste mystère sacré parce que tout son être trouve sa source dans cet Autre sur lequel il est impossible de mettre la main.

Voir son/sa partenaire comme bénéficiaire de ce grand amour de Dieu atteste de sa valeur inestimable. Ce regard contemplatif fonde l'admiration qui lui est portée, sans risque de l'idolâtrer. Il nourrit la tendresse partagée. Il rend possible, et facile, la fidélité promise. Il affirme en particulier la fidélité sexuelle : comment en aimer un·e autre, alors que Dieu qui aime tant cet être-ci me l'a réservé et confié ? Trahir la confiance de l'autre serait trahir celle de Dieu lui-même, rejeter le don qu'il m'a fait.

Cela n'interdit pas de poser un regard sur telle ou telle personne dont la beauté physique nous émeut et louer Dieu pour son œuvre ! Si les circonstances se présentent, cette admiration peut être partagée avec son/sa partenaire. La connivence dans le ressenti conduit à renforcer la complicité dans le couple.

Mais si la convoitise surgissait, qu'un désir venait à se faire vif, considérer alors cette créature de Dieu qui me tente, avec ce regard contemplatif que nous venons d'évoquer, devrait suffire pour désarmer tout désir malsain, faire taire l'attirance ressentie, rétablir la distance et la paix du cœur.

Le regard contemplatif fait par ailleurs de l'autre partenaire l'icône de la présence divine. Son attente, son désir, en fait un « petit » dépendant de notre aide : le·la servir revient alors à servir Dieu même : tout ce qui lui est fait de bon, c'est à Christ que cela est fait (Matthieu 25,31 sv). Mais simultanément, celui/celle qui sert prend figure d'ambassadeur de l'amour du Christ pour tout homme, et c'est le Christ lui-même qui aime et sert : le service devient lavement des pieds (Jean 13,4 sv). Telle est la profondeur du sacrement du frère[116].

Le service mutuel dans le couple constitue un « service divin », il est comme une liturgie du quotidien. La joie de

---

[116] A l'évidence, le frère est toute personne humaine dans le besoin, et se rendre proche du « plus petit » doit être une attitude universelle. Mais le/la partenaire aimé·e est de fait et par priorité l'icône de Dieu la plus proche. Pour une étude plus générale de la question, cf Louis-Jean Frahier, *Le jugement dernier*, Paris, Cerf, 1992, pages 187 et sv.

servir et d'être servi donne à la vie quotidienne sa pleine dimension spirituelle et devient marche commune vers Dieu. « *Porte donc celui avec qui tu marches, pour parvenir à Celui avec qui tu désires demeurer*[117] ».

Cette présence de Dieu entretenue par les regards mutuellement posés, infuse dans le couple une lumière, un souffle qui le poussent à la prière.

La prière du couple

Cette prière est d'abord de reconnaissance pour toutes les grâces reçues depuis la rencontre initiale, tout au long de la vie commune. En faire mémoire conforte aussi l'avenir du couple : c'est en effet une invitation à demander à Dieu de poursuivre ses dons pour que, nonobstant toutes les limites humaines, peurs, résistances ou tentations de l'un·e et de l'autre, l'Esprit parachève progressivement son œuvre de sanctification. « *Nous attendons le Seigneur : notre aide et notre bouclier, c'est lui ! Et notre confiance est dans son nom très saint. Que ta fidélité, Seigneur, soit sur nous, comme notre espoir est en toi !* » *(psaume 33 (32), 20-22).*

Mais il y a place aussi pour la prière personnelle. Car chacun·e a sa manière propre de prier pour que son cœur soit en présence de Dieu, disponible à l'adoration et docile aux motions de l'Esprit. Il n'est donc pas possible que le couple prie toujours ensemble.

Comme pour tout engagement, à chacun·e de trouver le moment opportun et la juste mesure pour prier sans porter atteinte au temps dû au conjoint : ni trop, ni trop peu, sinon ce pourrait être le signe d'un malaise dans la relation

---

[117] Saint Augustin, *Homélie sur l'Evangile de Jean* (17,7-9), Corpus Christianorum, séries Latina (Turnhout) 36, 174-175.

conjugale ou dans la relation à Dieu ! « *La religion devient problématique quand l'un des deux conjoints a l'impression que Dieu est un compétiteur[118]* ». Sous cette réserve, il est bon que chaque partenaire, fils ou fille de Dieu, sauvegarde son intimité avec son Père par une prière personnelle qui relève éminemment de son jardin secret. Là, chacun·e écoute ce que Dieu veut lui dire et peut lui présenter ses demandes, ses actions de grâce, ses louanges.

Pour autant, ce « retrait » n'est pas oubli du « nous » du couple car la Parole entendue par l'un·e ou l'autre peut aussi concerner le couple, alors invité à l'accueillir à deux. Comme cela fut pour Joseph inspiré en songe ou pour Marie visitée par l'ange, la sanctification du couple passe par cette obéissance à la Parole partagée et mise en œuvre ensemble. C'est ce qui construit le couple, le fortifie et le sanctifie en l'enracinant dans le Christ : « *Quiconque fait la volonté de Dieu, voilà mon frère, ma sœur, ma mère* » *(Marc 3,35)*.

A côté de cette prière personnelle, deux moments de prière commune sont essentiels : le « Notre Père » et la célébration de l'eucharistie.

Les sept demandes du « **Notre Père** » invitent le couple à prendre conscience de son unité devant Dieu et à se poser en enfants de Dieu qui attendent tout de Lui pour être heureux ensemble. Protection en acceptant sa souveraine Providence ; réponse aux besoins vitaux matériels et spirituels ; éducation au pardon et soutien dans l'épreuve. Cette prière honore à la fois leur amour pour Dieu et leur amour mutuel. Redire cette prière chaque jour, le soir en particulier pour que le pardon demandé soit grâce pour le

---

[118] Pierre-Marie Castaignos, *Se marier et durer*, Paris, Salvator, 2012, page 135.

lendemain, aide le couple à toujours mieux conforter son amour et à croître spirituellement. Le couple est appelé à s'approprier cette prière, avec ses propres mots. Par exemple[119] :

Notre Père, Toi qui veux te révéler Père à chacun·e de nous deux ; Toi qui nous appelles par notre nom comme tes enfants bien-aimés ; Toi qui nous as fait nous rencontrer et nous as donné la grâce de nous aimer ;

Qui es aux cieux, Toi dont la Providence sait ce qui nous est bon pour que nous devenions tes fils, tes filles ; pour que nous recevions la Vie en plénitude ; pour que nous soyons heureux, heureuses, selon tes voies de sainteté, parfois si différentes de celles que nous imaginons utiles à notre épanouissement ;

Que Ton Nom soit sanctifié, Donne-nous un cœur d'enfant, miroir reflétant ton cœur de Père. Qu'à ta ressemblance, nous soyons habité·es non par la volonté de posséder ou de dominer, mais par le désir de donner gratuitement, de nous entraider l'un·e l'autre, de partager avec nos frères et sœurs ;

Que Ton Règne vienne, Donne-nous d'entrer dans ton dessein bienveillant sur le monde, révélé par ton Christ ; Lui qui a désiré d'un grand désir manger la Pâque avec ses disciples avant de souffrir ; qui ne la mangera jamais plus jusqu'à ce qu'elle s'accomplisse par la venue de ton Royaume ; jusqu'à ce que tout Te soit remis et que Tu sois tout en tous ;

---

[119] Nous proposons ce court commentaire à titre d'exemple pour aider les couples à (oser) s'approprier cette prière fondamentale du chrétien. Mais à l'évidence celle-ci doit aussi être dite régulièrement dans sa dimension communautaire. Au prochain chapitre de cet ouvrage, le couple sera du reste étudié dans sa dimension d'ouverture au monde.

Que Ta Volonté soit faite sur la terre comme au ciel, Donne-nous la grâce de nous abandonner à Ta Providence, de préférer Ta volonté à nos désirs humains ; de savoir reconnaître dans les évènements que Tu nous donnes à vivre, la présence de Ton amour actif pour nous ; d'en comprendre l'invitation secrète à devenir toujours plus ressemblant·es à Ton Fils, et s'il le faut jusque dans son abandon à la Croix ;

Donne-nous notre pain quotidien, Donne-nous chaque jour de recevoir de nos frères et sœurs ce qui est nécessaire et juste pour vivre dignement ; donne-nous l'Esprit Saint de ton Christ, Jésus notre frère, pour marcher, nos deux cœurs unis à Son Cœur, sur le chemin de la condition filiale,

Pardonne-nous nos offenses comme nous pardonnons à ceux qui nous ont offensés, Pardonne nos manquements à l'amour que nous nous sommes promis, comme nous savons les pardonner l'un·e à l'autre ; donne-nous la grâce de pouvoir chaque jour mieux nous supporter et nous entraider ; pardonne nos manques de respect et d'entraide pour nos frères et nos sœurs, comme nous savons pardonner les torts qu'ils nous ont fait ;

Et ne nous laisse pas entrer en tentation mais délivre-nous du mal, Aie pitié de notre faiblesse, physique, psychologique, spirituelle ; rappelle-Toi que nous ne savons pas ce que nous faisons ; donne-nous l'Esprit de force pour résister et la grâce de l'abandon entre tes mains, pour éviter l'enfermement dans la solitude de notre désir,

Car c'est à Toi qu'appartiennent le Règne, la Puissance et la Gloire dans les siècles des siècles, Alors, uni·es par l'Esprit consolateur à Ton Fils Jésus, prenant place à sa suite dans l'immense cortège de tous ceux et celles que tu as formé·es à son exemple, nous marcherons vers Toi en chantant à jamais la gloire de notre adoption, la puissance de Ton Amour et l'honneur de Ton Nom.

La célébration de **l'eucharistie** est l'autre temps fort de la vie du couple, parce que, dans sa marche vers Dieu, il peut y puiser son dynamisme et son énergie.

La liturgie de la Parole qui précède l'eucharistie fait mémoire de la prédication du Christ et de ses actes salvifiques. Elle invite à goûter toujours plus la Parole pour que Christ soit ainsi le pédagogue du couple.

A l'offertoire le couple peut offrir à Dieu les évènements vécus dans la semaine, et plus largement exprimer toute sa reconnaissance pour les dons déjà reçus : la rencontre qui le fonde, l'histoire qu'il lui est donnée à vivre, la joie et la paix qui l'habitent. Cette « matière » vivante peut être offerte à Dieu pour qu'elle soit (con)sacrée.

La prière eucharistique est action de grâce pour l'amour manifesté par Dieu à l'égard de tous les hommes : le couple peut y joindre sa propre action de grâce pour l'amour que Dieu lui a manifesté spécifiquement. L'eucharistie est mémorial de l'amour de Jésus le Christ, accomplissant la mission salvatrice que son Père lui a confiée, jusqu'au risque de la mort. L'eucharistie enseigne et dévoile jusqu'où a été son amour au moment de la Croix : à la fois amour pour son Père en accomplissant totalement sa mission, et amour pour les hommes car *« nul n'a d'amour plus grand que celui qui se dessaisit de sa vie pour ceux qu'il aime » (Jean 15,13).* Sa Résurrection révèle que la mort ne saurait l'emporter sur l'Amour et la Vie et que désormais l'Esprit est donné au monde et répandu dans les cœurs (Romains 5,5). Ce mémorial est source de sanctification et modèle pour le couple ... qui est invité à joindre sa propre action de grâce à la prière communautaire.

La consécration du pain et du vin fait mémoire et actualise pour aujourd'hui le sens de ces évènements. Refaire les gestes de bénédiction qu'au soir de sa vie le Christ a lui-même faits, redire après lui que ce pain et ce vin sont son corps et son sang, conduit à comprendre le « *vous ferez cela en mémoire de moi* » comme exhortation à vivre comme il a vécu. Le couple, en s'immergeant dans ce mémorial, réapprend ainsi jusqu'où son propre amour doit aller, à quelle destinée il est appelé.

La communion eucharistique est source de vie, fontaine du salut, en permettant de communier à la Vie même du Christ et d'être agrégé par l'Esprit à son corps mystique dont il est la tête. Accueillir sa présence, s'unir à lui spirituellement ou par la manducation, permet donc au couple d'être toujours plus uni dans la paix du Christ et d'avancer dans sa propre histoire d'amour par la grâce de Dieu : « *Qu'en recevant ici, par notre communion à l'autel, le corps et le sang de ton Fils, nous soyons comblés de grâce et de tes bénédictions* » *(prière eucharistique n°1)*. « *Nous te demandons qu'en ayant part au corps et au sang du Christ, nous soyons rassemblés par l'Esprit saint en un seul corps* » *(prière eucharistique n°2)*. Le corps du couple, une seule chair voulue par Dieu, constitue ainsi les prémices du corps ecclésial dont le Christ est la tête.

L'eucharistie est donc une nourriture essentielle à la vie du couple, invitant chacun·e à « *s'offrir en sacrifice vivant, saint et agréable à Dieu : c'est là leur culte spirituel* » *(Romains 12,1)*. Certaines personnes homosexuelles catholiques se posent la question de savoir si elles peuvent communier dès lors qu'elles ont une pratique sexuelle. Pour nous, la légitimité morale d'un couple durable et fidèle, totalement engagé dans sa foi, ne fait aucun doute[120]. Ce ne sont pas en effet les actes sexuels en soi qui rendent pécheurs, mais la mauvaise qualité relationnelle vécue entre ceux ou celles qui s'y adonnent. Un discernement est donc nécessaire. S'il y a amour authentique et unité du corps-coeur-esprit (et donc fidélité du couple) ces actes sont moralement bons et ne justifient aucune excommunication ! De plus, la communion est nourriture indispensable de l'être chrétien et rencontre vivante avec le Christ. Ce que rappelle à sa manière le beau cantique Notre Dieu s'est fait homme[121] : « *Quand Dieu dresse la table, il convie ses amis pour que la vie divine soit aussi notre vie...Dieu se fait nourriture pour demeurer en nous, il se fait vulnérable et nous attire à lui. Mystère d'indigence d'un Dieu qui s'humilie pour que sa créature soit transformée en lui.* » La communion au corps et au sang du Christ est donc essentielle pour le couple afin de recevoir la Vie et être fortifié par l'Esprit. Comme a pu le dire le Pape François, « *l'eucharistie, même si elle constitue la plénitude de la vie sacramentelle, n'est pas un prix destiné aux parfaits, mais un généreux remède et un aliment pour les faibles*[122] ».

* * *

---

[120] Lire les raisons exposées dans notre précédent ouvrage : Michel Anquetil, *Chrétiens homosexuels en couple, un chemin légitime d'espérance*, Saint-Denis, Edilivre, 2018.
[121] Cantique *Notre Dieu s'est fait homme*, EDIT 15-56, Emmanuel.
[122] Exhortation apostolique *La joie de l'Evangile*, n°47. Cf aussi Exhortation apostolique post-synodale *Amoris Laetitia - La joie de l'Amour*, n°300 note 336.

En Marc 10,1-12 comme en Matthieu 19,1-9, Jésus dénonce le cœur dur des pharisiens, manifesté par leur pratique de la répudiation. Puis il pose le principe que ceux qui forment « une seule chair » sont unis par Dieu et ne sauraient être séparés par l'homme. Marc fait immédiatement suivre cette péricope par celle où Jésus dénonce aussi le cœur dur de ses disciples qui rabrouent les enfants qui veulent s'approcher de lui : « *Laissez les enfants venir à moi, ne les empêchez pas, car le Royaume de Dieu est à ceux qui sont comme eux. En vérité, je vous le déclare, qui n'accueille pas le Royaume comme un enfant n'y entrera pas* » (10,13-15). Matthieu fait quasiment de même (sous réserve des propos sur le célibat volontaire qui font corps avec ceux sur la répudiation et l'indissolubilité de l'amour : 19,13-15). Ces rapprochements textuels opérés par ces deux évangélistes ne sont pas sans intention. Ils signifient pour nous que l'indissolubilité d'une union amoureuse n'est réalisable concrètement que si les personnes cherchent à vivre selon cet esprit d'enfance.

Tout le « travail de l'amour » tend à convertir les cœurs durs en cœurs d'enfant, en décentrant chaque membre du couple de lui-même, en le délivrant du repli sur soi, pour le rendre fraternel et en faire un « être pour l'autre ». Non pas changer l'autre, mais faire de sa vie un don à l'autre. Le Notre Père et l'eucharistie nourrissent tout spécialement cette spiritualité de l'esprit d'enfance. Le bonheur de vivre à deux l'incarne, car il est prémisse et avant-goût du Royaume.

Avoir un cœur d'enfant est nécessaire pour savoir aimer, aimer « au long cours ». L'esprit d'enfance n'est pas un esprit enfantin : il caractérise l'esprit des enfants de Dieu. Il allie simplicité, acceptation de la dépendance, vie dans le présent, capacité d'étonnement et d'émerveillement, confiance en l'amour de Dieu, amour enraciné dans l'amour même de Dieu et joie de vivre sous son regard. Il s'oppose au cœur dur, souvent dénoncé par Jésus.

Avoir un cœur d'enfant permet ainsi de réinvestir l'état d'innocence dans lequel Dieu avait créé Adam et Eve, caractérisé par la simplicité et la confiance en son amour. C'est du reste à ce « commencement du monde » que Jésus se réfère quand il évoque l'amour du couple auquel l'homme ne doit pas mettre fin... Car cet amour ouvre les portes du Ciel !

* * *

QUATRIÈME CHAPITRE

L'ouverture sur le monde

S'il est logique et nécessaire qu'un couple récent consacre à lui-même une grande partie de son énergie et de son temps pour se construire et s'affermir, il ne saurait devenir, le temps passant, un cocon où les partenaires se blottissent et s'enferment. Le repli sur lui-même et la peur d'affronter l'extérieur mettent en danger le couple. Il risque en effet d'en rester à un face-à-face confortable mais amollissant, qui à la longue s'appauvrit, s'essouffle et devient mortifère. Le couple n'est pas seulement un « je » et un « tu », mais un « nous » qui exprime son unité, sa complicité, son interdépendance, en se reliant aux autres et en vivant au cœur du monde.

L'amour et la joie qui le manifestent sont par nature expansifs, se communiquent et font fondre les frontières entre intérieur et extérieur. Parce qu'il n'a pas peur, le couple fortifié dans l'amour, est englobant, inclusif. Il est ouvert sur l'extérieur. En termes de foi, la vie et la charité qui l'animent, participantes de la Vie et de l'amour du Christ, doivent rayonner et se manifester au bénéfice des proches et de ceux et celles dont il est conduit à se faire proche. C'est sa fécondité.

Comme nous l'avons vu à propos du « travail de l'amour » et de l'ajustement nécessaire des personnalités, cette ouverture au monde ne signifie pas que les deux partenaires doivent conduire toutes leurs activités à deux et s'engager toujours ensemble : ils y perdraient leur personnalité et leur autonomie, par ailleurs nécessaires pour la santé du couple. C'est toute la question de l'équilibre entre le « faire à deux » ou « séparément ».

De même, cela ne signifie pas non plus qu'ils doivent renoncer à leurs moments d'intimité, indispensables pour nourrir et renforcer leur amour : ils sont indispensables. C'est toute la question de l'équilibre entre le « faire trop » ou « trop peu ». Au sein de chaque couple il est indispensable de négocier ces équilibres pour préserver les liens tout en opérant l'ouverture indispensable.

Cette ouverture au monde appelle aussi un état d'esprit à développer : dans une vie à deux, on ne parle plus en « je » solitaire, mais en « nous ». Un couple dont les membres ne disent que « je » est un couple dont l'attachement ne va pas bien. Par contre, le recours au « nous » illustre la relation d'interdépendance dans laquelle chacun·e joue un rôle dans les pensées, les sentiments et les comportements de l'autre. En effet, dans son agir et ses engagements même personnels, chacun·e porte la présence de l'autre, bénéficie de son soutien, de son aide, de son regard valorisant.

De sorte que la relation au monde et aux autres que l'un·e établit même sans la participation de l'autre, vaut engagement implicite au nom du couple. Cet engagement en retour enrichit le couple. C'est en effet l'amour unissant le couple, autrement dit son amour de charité, qui colore la relation que chacun·e vit à l'extérieur du couple, seul·e ou à deux. Dans un regard de foi, c'est le Christ présent au cœur du couple qui par celui-ci agit dans le monde. Que les partenaires agissent ensemble ou séparément importe peu.

Cette fécondité de l'amour du couple se vérifie par la qualité de ses relations familiales et amicales et sa capacité à se faire proche des autres.

1. Le premier cercle des proches

Les proches sont là avant même que le couple n'existe ! Mais précisément, leur acceptation de la « pièce rapportée » qui leur est présentée peut être parfois problématique. Selon la qualité de leur « réception », peut s'opérer un tri dans les relations à maintenir à l'avenir. Se pose en tout cas la question de trouver la bonne distance avec les uns et les autres tout en leur manifestant une affection active.

La présentation du couple et le coming-out

Un couple LGBT récemment formé peut rencontrer plus de difficultés qu'un couple hétérosexuel à se déclarer auprès de sa parentèle. « *La révélation de l'homosexualité aux parents reste de nos jours problématique, au point qu'elle pousse certains individus qui n'entretiennent pas une relation excellente avec leurs parents, à s'en éloigner, voire à rompre tout lien avec eux (...) Qu'il s'agisse de situations de rejet réellement vécues ou de la peur éprouvée d'être rejeté, il subsiste de nos jours des situations où l'orientation homosexuelle est un stigmate porteur de rejet familial*[123] ».

Il peut de même être délicat de présenter celui/celle qu'on aime à des ami·es de longue date. Ceux/celles-ci peuvent avoir parfois quelque mal à accepter l'irruption dans la relation amicale de cet·te autre, vécu·e comme un·e intrus·e. Et cela, d'autant plus si l'orientation homosexuelle avait été tue auparavant.

Remarquons cependant que l'acceptation du/de la partenaire par les proches n'est pas problématique seulement pour les homosexuel·les[124] : même s'il s'agit d'un couple hétérosexuel, il arrive aussi qu'un père, une mère, un frère ou une sœur, un·e ami·e intime, puisse avoir quelque mal à accueillir le·la partenaire du couple, allant parfois jusqu'au rejet, au motif qu'il·elle n'est pas conforme à ses attentes ! Et qu'ainsi la sympathie, l'affection, l'adoption espérées n'adviennent pas. L'homophobie est sœur du racisme, de l'antisémitisme, de la prétendue mésalliance sociale.

Ce fait n'enlève évidemment rien à la souffrance bien réelle vécue par le couple homosexuel, mais l'invite à replacer la difficulté dans un contexte socio-culturel plus large. Il est en effet toujours aléatoire d'introduire dans le cercle familial, amical, voire professionnel, quelqu'un à qui l'on est fortement attaché : une certaine appréhension pour affronter son coming-out est donc normale et la ten-

---

[123] Jérôme Courduriès, *Etre en couple (gay) - Conjugalité et homosexualité masculine en France*, Lyon, Presses universitaires de Lyon, 2011, pages 114 et 116. Sur les rapports des homosexuels avec leur famille d'origine, voir aussi *Homosexualité et parenté*, sous la direction de Jérôme Courduriès et Agnès Fine, Paris, Armand Colin, 2014, pages 43 et sv.
[124] Pierre-Marie Castaignos, *Se marier et durer*, Paris, Salvator, 2012, pages 40 et sv.

tation pourrait être de vivre son couple clandestinement. Or cette attitude n'est pas viable à long terme si du moins l'on souhaite donner à son couple toute sa fécondité sociale. Il faut donc passer outre ses appréhensions et oser se montrer en couple ! Comment faire ?

Si l'homosexualité est révélée en même temps que l'existence du couple, il convient d'éviter la provocation gratuite, de faire preuve au contraire du tact nécessaire pour respecter les convictions, en tenant compte du choc de la surprise (qu'il ne faut pas sous-estimer). Le respect dû aux proches invite à la patience. Mais tout en laissant du temps au temps, il est important de faire preuve de fermeté et de détermination et de ne pas céder. L'orientation sexuelle est en effet une liberté fondamentale constitutive de la personne. Les proches doivent la respecter et c'est à eux de dépasser leur aversion éventuelle.

Pour débloquer la situation, le·la partenaire concerné·e pourra rappeler qu'il·elle ne se réduit pas à son homosexualité. Faire valoir la force de l'amour familial, de l'amitié ou de l'estime qui le·la lie à ce proche récalcitrant. Que même si ce lien sera sans doute transformé du fait de l'existence du couple, il n'en sera pas moins solide, voire renforcé par l'existence du couple. Il convient aussi de prendre le temps d'entendre les raisons du rejet pour les comprendre, faire tomber les fausses représentations, renverser les faux arguments. Les raisons invoquées sont du reste connues pour la plupart : la peur du qu'en-dira-t-on, le risque d'instabilité du couple, la peur que le couple soit agressé, la peur de la maladie, l'absence de descendance ... Ce peut être également des raisons d'ordre religieux, souvent les plus résistantes. Il faut apprendre à y répondre, suggérer telle ou telle lecture, inviter à rencontrer telle ou telle personne compétente. En tous les cas, le dialogue doit être poursuivi aussi longtemps que possible, tout en acceptant le risque d'être critiqué·e ... voire finalement d'être rejeté·e !

Le-·la croyant·e vivra cette épreuve dans la prière en demandant à l'Esprit d'éclairer les uns et les autres.

Lorsque l'échange est resté courtois et sans manifestation haineuse, que le proche prend progressivement conscience de la solidité du couple et de sa détermination, il arrive assez souvent que le rejet ne soit que provisoire : le temps, la réflexion, la tristesse d'une séparation fait mûrir la réflexion ! L'expérience montre que le temps écoulé permet tant bien que mal, d'établir des compromis, voire de surmonter le rejet. D'heureuses surprises peuvent même survenir !

Lorsque l'homosexualité est déjà connue des proches, la présentation du/de la partenaire est normalement plus banale et dans l'ordre des choses. Mais cela ne dispense pas de l'obligation de prendre le temps de se connaître ! D'autant que peut encore se faire sentir chez le père, la mère, le frère, la sœur, l'ami·e, une certaine déception de voir que son proche, désormais en couple homosexuel, ne « changera » plus. Que l'irréversible est franchi, que le rêve entretenu à son sujet est définitivement brisé. Il peut arriver aussi que le couple, quoique bien accepté, ne soit pas tout à fait considéré comme un « vrai » couple légitime mais plutôt comme une paire d'ami·es intimes. Cependant en général, le temps lève ces ambiguïtés et le plus souvent le·la partenaire est facilement et sincèrement ac-

cepté·e[125]. Parfois même, la constitution du couple est source de soulagement et de joie, la peur s'éloignant de voir son enfant, son frère, sa sœur, son ami·e enfermé·e dans la solitude ou dans une vie sentimentalement « agitée ».
En tous les cas, la démarche du coming-out permet toujours de s'affirmer en couple. C'est une épreuve qui fait la vérité : la surmonter renforce l'amour et les liens du couple.

La relation aux parents
Nous avons déjà évoqué précédemment les risques que court le couple du fait de la « culture » familiale d'origine qui façonne peu ou prou les représentations et les désirs inconscients. De plus, l'histoire des relations avec les parents tantôt heureuses, tantôt moins harmonieuses voire plus pathologiques, souvent complexes, détermine la reproduction et/ou l'opposition réactionnelle aux attitudes parentales, admirées ou au contraire honnies. Ces comportements induits, lorsqu'ils rencontrent ceux générés par l'histoire personnelle de l'autre partenaire, ne sont évidemment pas les plus ajustés pour garantir une vie paisible au couple ! Celui-ci a grand intérêt à s'en libérer autant qu'il est nécessaire pour que la relation conjugale n'en soit pas perturbée.
Par ailleurs, des conflits de loyauté peuvent aussi surgir entre les exigences de la famille d'origine qui peut craindre que leur enfant perde sa personnalité, et celles du conjoint. « *Les parents resteront un peu jaloux de la place*

---

[125] Jérôme Courduriès, *Etre en couple (gay) - Conjugalité et homosexualité masculine en France*, Lyon, Presses universitaires de Lyon, 2011, pages 128 et sv.

qu'occupe dans le cœur de leurs enfants le partenaire de vie qu'ils se seront choisis. Les enfants se sentiront un peu coupables de faire passer leurs parents après leur conjoint[126] ». Il faut donc apprendre à gérer ces conflits par une négociation adéquate.

La vie de couple exhorte à acquérir une indépendance de pensée, de cœur, de comportement. C'est un devoir de « couper » le lien originel avec ses parents pour pouvoir aimer en adulte et vivre sa propre vie. C'est comme une forme de mort de « l'enfant qui a été » par laquelle il faut passer, pour ressusciter en adulte capable d'aimer librement et dans la vérité de soi-même. « *L'homme quittera son père et sa mère et s'attachera à sa femme, et les deux ne feront qu'une seule chair* » : le précepte biblique est radical, énoncé dès le commencement (Genèse 2,24) et repris par Jésus lui-même (Matthieu 19,5 et Marc 10,7), c'est dire toute son importance.

Le bibliste André Wénin interprète l'appel adressé par Dieu à Abram[127] à quitter « *son pays, sa famille, la maison de son père, pour aller vers le pays qu'il lui fera voir* » *(Genèse 12, 1)* comme la condition nécessaire et libératrice pour que celui-ci entre dans un monde de relations allant s'élargissant sans cesse, qu'il s'abandonne à une confiance totale en Dieu, qu'il reçoive la bénédiction divine et devienne Abraham père d'une multitude[128].

---

[126] Pierre-Marie Castaignos, *Est-ce lui ? Est-ce elle ?*, Paris, Salvator, 2019, page 82.
[127] Abram ... qui recevra de Dieu le nom d'Abraham lors de la conclusion de l'Alliance (Genèse 17).
[128] André Wénin oppose la figure dominante de Tèrakh, chef du clan, à celle de son fils Abram qui accepte la séparation d'avec son clan pour entrer dans une confiance en Dieu toujours plus grande, qui culminera lors du sacrifice de son fils unique .Cf *D'Adam à Abraham ou les errances de l'humain*, Lire la Bible, Cerf, 2013, page 230 et sv.

Quitter père et mère est donc la condition pour s'ouvrir au monde, entrer dans l'altérité et porter du fruit. Or prendre cette indépendance n'est pas toujours facile, notamment pour les plus jeunes : les parents devraient y aider mais, parfois trop possessifs, n'y parviennent pas toujours[129]. En tous cas, il faut que les deux partenaires soient convaincus de cette nécessité et n'hésitent pas à faire comprendre à leurs parents respectifs, avec tact mais juste détermination, qu'ils ne sont plus « les petits » à protéger mais des adultes libres de mener leur vie.

Pour certaines personnes homosexuelles restées plus ou moins inconsciemment dans le giron voire sous la domination de la mère et/ou du père, ce peut être un effort important et douloureux mais indispensable, pour réussir leur couple : prendre leur indépendance totale, mettre la distance psychologique, voire géographique, est nécessaire. S'il en résulte un fond de culpabilité, il doit être purifié et évacué sans hésitation.

Pour autant, le précepte biblique susvisé a pour contrepartie cet autre tiré des dix commandements qui fondent les relations de la communauté humaine : « *Tu honoreras ton père et ta mère* » *(Exode 20,12 et Deutéronome 5,16)*. Ces textes en précisent l'enjeu : « *Afin que tes jours se prolongent sur la terre que te donne le Seigneur* ». Deutéronome ajoute « *afin que tu sois heureux* » *(sur cette terre donnée par le Seigneur)*. C'est dire qu'il faut mettre aussi en œuvre ce précepte !

Honorer ses parents, c'est reconnaître leur gloire (au sens biblique), c'est-à-dire reconnaître tout le poids qu'ils

---

[129] Catherine Ternynck, psychanalyste, dit que les parents doivent « désenfanter » pour permettre à l'enfant de s'humaniser. In *L'homme de sable*, Paris, Seuil, 2011, pages 177 et sv.

représentent dans notre propre vie et toute l'action de Dieu à notre égard qui s'est manifestée à travers eux. Ce n'est donc pas retomber dans une dépendance quelconque à leur endroit, ni approuver tout ce qu'ils ont fait pour nous. C'est évaluer le plus justement possible le rôle toujours essentiel qu'ils ont joué dans notre vie, combien ils nous ont façonnés.

Par ailleurs, « *être parent, c'est accorder un énorme crédit de temps, d'attention, de compétence au profit de ceux que l'on a introduits au monde et qui sont trop fragiles pour pouvoir vivre et penser la vie par eux-mêmes. Le don en question n'est pas seulement éducatif, affectif ou matériel, mais d'une autre nature, plus secrète, plus libidinale, au sens large du mot. Pour l'enfant qui s'en nourrit, c'est un appel à être dans le sillage du couple parental, une véritable « passe » de vie. L'obligation filiale s'enracine dans l'acceptation du don énorme que constitue le fait d'avoir été désiré, conçu, porté, nourri, éduqué pendant cette longue période de dépendance infantile. Etre enfant ...c'est aussi consentir à prendre place « dans un monde déjà là », c'est-à-dire accepter l'idée de n'être pas à l'origine de son existence*[130] ». Le plus souvent un sentiment de gratitude monte alors du cœur : Véronique Margron[131] dépeint la gratitude comme un sentiment où se mêlent la joie, la surprise et la douceur devant ce qui nous a été donné. Tous les souvenirs heureux de l'enfance poussent à la reconnaissance et nous aident à traverser la grisaille ou les tourments de la relation avec les parents. Ils les éclairent d'une lumière apaisante et,

---

[130] Ibidem pages 193-194.
[131] Véronique Margron sur RCF (Radio Chrétienne Francophone), intervention du 7 janvier 2020 à 7h55.

comme le dit le précepte, aident « *à prolonger ses jours sur cette terre* ».

Quand certaines personnes, et ce n'est pas exceptionnel chez les homosexuel·les, ont de graves raisons de se plaindre de ce qu'elles ont reçu (comme des coups, des injures, de mauvais exemples) ... ou pas reçu (ayant souffert de carences matérielles, affectives ou éducatives, d'injustices), il leur reste à faire l'inventaire avec le plus de justice possible, puis si possible à pardonner.

Ce travail d'inventaire des faits, - et non de jugement des parents car eux aussi ont été déterminés par leur propre enfance, - ce travail de justice et de pardon en profondeur permet de se libérer du poids parental, tâche essentielle pour que le couple trouve sa propre harmonie. De jeter un juste regard sur soi-même et de s'accepter y compris dans ses fragilités ou ses défauts induits par cette enfance. De ne pas ruminer et rester emprisonné par le malheur vécu, mais de retrouver la capacité de faire du neuf[132]. De bâtir précisément d'autres relations plus satisfaisantes. C'est un travail essentiel pour construire une vie de couple heureuse. Pour ces personnes aussi, la finalité du précepte s'accomplit : « *Pour que tes jours se prolongent sur cette terre et que tu sois heureux.* »

Chaque membre du couple doit faire ce travail dans ses rapports avec ses propres parents. Mais l'autre partenaire, a priori moins engagé affectivement à leur égard, peut l'y aider puissamment par une attitude neutre d'écoute, quelques conseils judicieux, ou encore par le soin de son amour. La relation aux parents et beaux-parents est tou-

---

[132] On pourrait évoquer le cas connu de Guillaume Gallienne qui a su faire des souffrances de son enfance la matière de son film *Les Garçons et Guillaume, à table !,* et conduire une carrière d'artiste remarquable.

jours complexe, car il s'agit de trouver l'équilibre entre ferme indépendance et reconnaissance, affection spontanée et pardon. C'est finalement le couple ensemble qui est responsable de la dette à l'égard des parents et beaux-parents, pour qu'elle ne pèse pas trop lourd mais qu'elle soit vraiment honorée. Cette dette éprouve son sens de la justice et sa charité pour que puissent s'établir de « bonnes » relations, c'est-à-dire celles qui permettent à la bonté des uns et des autres de devenir un bien commun familial.

Il arrive parfois que la rupture avec parents ou beaux-parents doive être consommée, par prudence pour éviter des rencontres pathologiques qui ne sont plus qu'occasions de conflit insurmontable. Mais le plus souvent et heureusement, le couple noue des relations paisibles avec eux. La famille est alors source de grandes satisfactions affectives et permet une coopération enrichissante. L'échange de services donne le sentiment aux parents d'être encore utiles et aux enfants celui de payer leur dette en retour. L'essentiel, c'est d'établir, ou en tout cas essayer d'établir, la « bonne distance » pour que l'amour filial circule sans contraintes ni rites imposés, que les relations soient justes, libres, apaisées, et ainsi bénies de Dieu. Lorsque les parents vieillissent et que leur fragilité s'accroît, le couple est appelé à développer encore davantage sa diaconie : manière de rendre ce qui a été reçu, ou même de donner avec magnanimité plus que ce qui a été reçu. Et Dieu le lui revaudra !

La relation avec les enfants issus d'une précédente union

Le parent homosexuel qui a des enfants issus d'une précédente union désormais rompue, conserve évidemment ses responsabilités éducatives et entretient avec eux ses liens affectifs, mais de manière différenciée selon qu'il dispose d'un droit de visite ou qu'il s'est vu attribuer la garde (garde alternée, voire principale). Après la formation du nouveau couple avec un·e partenaire homosexuel·le, se posent les problèmes habituels que toute famille recomposée doit affronter.

Problèmes d'ordre pratique : par exemple, disposer d'un logement suffisamment grand pour accueillir les enfants de chaque partenaire dans des conditions convenables ; ou encore comment organiser les vacances, etc... Les obstacles financiers peuvent être sérieux selon l'importance du nombre d'enfants à charge, leur différence d'âge, leur sexe respectif, ce qui détermine leurs besoins respectifs.

Mais se posent aussi des problèmes d'ordre relationnel, plus ou moins délicats selon que les enfants sont plus ou moins affectés par la séparation de leur famille d'origine, ou encore selon leur âge et leur différence d'âge. Comment faire pour leur épargner les conflits de loyauté entre père et mère ? Quand les deux partenaires ont eu des enfants, comment faire pour que, désormais confrontés les uns aux autres du fait de l'existence du couple qui leur est comme « imposée », ces enfants puissent s'entendre, s'estimer et constituer une fratrie heureuse ? Du temps leur est nécessaire pour apprendre à se connaître, à se comprendre. Par ailleurs pour le partenaire beau-père ou belle-mère, comment discerner les meilleures modalités pour manifester à la fois son affection à ses beaux-enfants mais aussi son autorité, sans les blesser et tout en respectant le rôle premier des parents naturels ?

Seuls la patience et le tact des adultes permettent aux enfants de trouver leur juste place, de construire la confiance, d'éviter que leur présence soit cause de disputes dans le couple. C'est surtout le témoignage de l'amour irriguant le nouveau couple, qui peut aider les enfants à se sentir en sécurité et à (re)trouver leur équilibre.

Mais quand le couple reformé est un couple de même sexe, des difficultés supplémentaires et spécifiques peuvent survenir.

Ce sont tout d'abord les manifestations d'homophobie, évidentes ou sournoises, dont les enfants peuvent être témoins ou victimes. S'ils ne peuvent en être épargnés, le couple peut et doit les aider à ne pas en être outre mesure affectés ; à trouver la juste réplique aux réflexions ou moqueries stupides et blessantes prononcées par leurs camarades ... ou même par des adultes de leur environnement. Et malheureusement cela peut venir parfois de l'autre parent naturel, quand il vit le départ de son ancien conjoint comme une trahison et une atteinte narcissique insurmontable. Un certain ressentiment risque alors de naître chez l'enfant contre son parent homosexuel, et surtout le beau-père ou la belle-mère homosexuel·le, considéré·e comme bouc émissaire.

Une autre difficulté est parfois évoquée à propos des adolescent·es du fait de leur vulnérabilité et de leur immaturité : l'homosexualité du couple pourrait les perturber dans leur propre identification sexuelle. Ces jeunes douteraient alors de leur orientation affective, voire remettraient en cause celle qui leur est spontanée, soit par opposition au couple soit par imitation et dépendance. Il s'agit là d'une question controversée[133], dont la réponse est souvent liée au regard favorable ou défavorable posé sur les familles homoparentales. Le couple homosexuel, au même titre que tout éducateur, sera attentif à aider ces d'adolescent·es à trouver leur maturité et leur personnalité authentique.

Fort heureusement, le couple homosexuel arrive le plus souvent, peu ou prou, à contribuer à l'épanouissement des enfants. C'est éventuellement après la traversée de moments de crise qu'il doit supporter avec patience pour les vivre de la manière la plus évangélique possible ! Il est bon en tout cas qu'il s'y prépare pour ne pas être pris au dépourvu. De fait, la bonne qualité des relations établies avec les enfants antérieurement à la séparation des parents naturels, influe fortement sur l'acceptation par les enfants de la nouvelle situation. Il est également souhaitable de maintenir dans le mesure du possible une relation de qualité avec l'autre parent après la séparation. Par ailleurs le temps est un allié précieux, les enfants acquérant progressivement leur maturité.

Le couple chrétien ne peut que confier à Dieu ses soucis et s'en remettre dans la prière à sa grâce pour trouver les mots et les attitudes justes et aimantes.

La relation avec les autres membres de la parentèle et les amis

En ce qui concerne ces personnes, le couple a en général plus de facilités qu'avec les parents à se situer et à nouer de bonnes relations, car les enjeux sont moindres.

---

[133] On lira avec intérêt à ce sujet *Homoparentalité et sexualité* de Susann Heenen-Wolff et Emilie Morget, dans *Cahiers de psychologie clinique*, 2011/2 (n°37), pages 231 à 245.

Sauf quand le coming-out se passe mal et provoque la rupture, le couple parvient assez vite à se faire reconnaître par tous ceux avec qui des relations étaient suivies antérieurement, à trouver la « bonne distance » dans ses nouvelles relations avec ces proches.

En fait, souvent dépendants des histoires familiales, les liens familiaux autres que parentaux et préexistants à la formation du couple, se poursuivent de la même manière. Parfois avec un peu plus d'intensité ou au contraire de relâchement selon la sympathie éprouvée à l'égard du/de la partenaire présenté·e. Il en va de la même façon avec les ami·es intimes, l'incidence de la sympathie éprouvée étant sans doute alors plus forte. Quant à la « bande de copains-copines », comme pour tous les couples, le cours de la vie se charge généralement de la disperser sans heurts particuliers, sauf à ce que quelques-un·es deviennent de vrai·es ami·es du couple.

La vraie difficulté lorsque le couple passe de l'intime au social, est d'apprendre à parler en « nous » tout en sauvegardant la liberté d'opinion et de jugement de chacun·e.

En effet, et sans doute à des degrés divers selon les milieux sociaux, une fois le couple reconnu comme tel, les proches ne voient plus l'un·e ou l'autre partenaire comme deux individus différents et isolés mais les perçoivent ensemble, formant un « nous » unanime. Ils en attendent une complicité et une concordance dans les comportements et les prises de position. Ce jeu social conforte sans doute le sentiment d'appartenance et d'unité du couple mais il risque de rendre plus difficile la libre expression en société de chaque partenaire. Certes ces proches admettent que l'un·e et l'autre manifestent des convictions personnelles ... mais souvent dans une certaine mesure seulement et avec certaines formes. Et un malaise survient nettement dès qu'ils ne ressentent plus la connivence qui unit le couple, quand les deux partenaires opposent des opinions systématiquement contraires, a fortiori s'ils se chamaillent et se critiquent avec plus ou moins de véhémence et d'acrimonie. « *On peut tout à fait être en désaccord avec les opinions émises par quelqu'un au cours d'un dîner et le dire sans que ce soit mal perçu. En revanche, lorsque l'un des membres d'un couple conteste en public des propos tenus par son partenaire, cela crée souvent un certain froid parmi les témoins de cette divergence*[134] ».

Il appartient donc au couple de trouver, sans hypocrisie, le ton juste et la bonne attitude qui puissent laisser transparaître son amour malgré les divergences de vue. C'est alors au contraire un témoignage positif de liberté dans le couple et d'amour authentique. A défaut, la prise de distance, voire la rupture, avec ces proches n'est pas loin ! Ainsi, s'ouvrir au monde exige l'apprentissage d'une vie sociale « en couple », qui n'est pas toujours évidente a priori.

Pour conclure, les relations que le couple institue avec ses proches mettent à l'épreuve son unité et sa détermination, mais en même temps le fortifient. C'est l'occasion de penser, d'agir et d'aimer ensemble, en « nous ». D'aiguiser ses capacités de discernement, son sens de la justice, son tact et sa charité pour trouver la bonne distance avec chacun·e, tout en témoignant d'un amour rayonnant. C'est une étape certainement nécessaire pour ensuite s'ouvrir encore davantage aux autres.

---

[134] Serge Hefez avec Danièle Laufer, *La danse du couple*, Paris, Librairie Arthème Fayard, Collection Pluriel, 2010, page 186.

2. Se faire proche des autres

Le couple homosexuel n'a pas à vivre caché comme s'il se sentait coupable ou comme s'il craignait des réactions homophobes systématiques de son entourage. Mais à l'inverse, il n'a pas à cultiver sa différence par un langage ou des attitudes provocantes, comme s'il appartenait à un monde séparé du reste de la société. Il devient fécond socialement quand il cultive sa capacité à s'ouvrir et réussit à entrer en amitié avec les autres. L'amour qui l'anime respecte toutes les différences, honore l'altérité en se faisant proche de tous, œuvrant à une fraternité universelle. Ce qui implique un certain état d'esprit dans la rencontre avec les autres, l'audace de s'engager et de partager avec d'autres, enfin le souci de participer à la construction d'un meilleur futur. Parfois de cet amour peut naître le désir de choyer et éduquer un enfant.

Se faire proche en répandant la joie et la paix

C'est l'amour qui accueille largement et avec bienveillance.

Les partenaires qui vivent dans une joyeuse complicité, ont une force intérieure qui leur permet de créer autour d'eux du dynamisme, de la vie, de la joie. Leur amour est communicatif et met à l'aise dans la simplicité. Il est spontanément respectueux, accueillant, curieux et bienveillant, généreux et compatissant. Un tel couple est d'un commerce agréable et sait se réjouir du bien des autres comme compatir à leurs difficultés. Il recherche la concorde. « *Réjouissez-vous avec ceux qui sont dans la joie, pleurez avec ceux qui pleurent. Soyez bien d'accord entre vous : n'ayez pas le goût des grandeurs, mais laissez-vous attirer par ce qui est humble » (Romains 12,15).*

Dans cet état d'esprit, le couple homosexuel se fait facilement des amis parmi ses relations de voisinage, professionnelles, dans le cadre de loisirs ou de voyages, ou lors de rencontres les plus diverses. Tout en évitant la superficialité des mondanités qui cachent une réelle pauvreté relationnelle et peuvent rapidement « l'user », mais en manifestant plutôt un sens réel de l'hospitalité, le couple entretient des relations amicales généreuses, source d'une vie qui réconforte et réjouit le cœur des hommes. « *Que l'amour fraternel demeure. N'oubliez pas l'hospitalité, car grâce à elle, certains sans le savoir ont accueilli des anges » (Hébreux 13,1-2).* Au fil de ses rencontres amicales, aux moments opportuns et avec le tact nécessaire, le couple chrétien aime rendre compte de sa foi et de son espérance (1 Pierre 3,15-16) ainsi que de son amour reçu comme don de Dieu.

N'étant pas replié sur lui-même, un tel couple ne limite pas ses amitiés au microcosme homosexuel mais sait en bâtir aussi avec des personnes hétérosexuelles. Pour autant, cette ouverture à la diversité n'interdit pas bien sûr une plus grande sensibilité à leurs semblables homosexuel·les : le couple est à même d'accompagner les célibataires qui cherchent à s'engager dans une vie de couple, ou encore ceux et celles qui traversent des périodes de plus grande solitude. Sans fanfaronnade, sans se présenter en modèle mais dans le respect du vécu de chacun·e et en évitant tout regard inquisitorial malsain, il peut prodiguer écoute et conseils, fruits de son expérience, ou tout simplement apporter le réconfort amical de la chaleur d'un foyer.

De même, le couple aura plaisir à réfléchir et partager avec d'autres couples homosexuels sur leur vie, leurs joies ou leurs difficultés. Il n'existe pas ou guère dans les Eglises des lieux de préparation à la vie commune ou au mariage, ou des lieux de partage de la vie conjugale, comme cela existe pour les couples hétérosexuels. En réalité, sans formalisme institutionnel, ce rôle est assuré par les associations homosexuelles chrétiennes qui organisent en leur sein des groupes de réflexion pour leurs membres qui vivent en couple[135]. Les couples homosexuels peuvent y participer pour partager leur expérience.

Dans toutes ces rencontres, l'essentiel est de savoir ôter ses sandales devant la terre sacrée de l'autre (cf Ex 3,5) et de chercher la vraie liberté, la joie de l'amour et le chemin vers Dieu[136]. C'est ce même esprit d'ouverture joyeuse que le couple est appelé à développer dans ses différents engagements sociaux.

---

[135] On peut citer entre autres David et Jonathan, Devenir un en Christ, la Communion Béthanie. Signalons aussi la proposition par le Centre jésuite du Châtelard d'un week-end de réflexion pour les couples homosexuels (gays ou lesbiens). Certains lieux diocésains d'accueil des personnes homosexuelles peuvent également proposer des temps de partage, voire de préparation à la vie de couple. Il faut souhaiter le développement de ces initiatives ... alors même que la vie en couple semble correspondre à une aspiration des personnes homosexuelles plus forte aujourd'hui qu'hier. A quand l'ouverture aux couples homosexuels des lieux de partage actuellement proposés par les Eglises aux couples hétérosexuels ? Tous ont certainement beaucoup à apprendre les uns des autres.
[136] Cf les propos du Pape François sur l'art d'accompagner, dans son exhortation apostolique *La joie de l'Evangile*, notamment § 169 et sv, ou dans son exhortation apostolique post synodale *Amoris Laetitia - La joie de l'Amour* chapitre 6.

Se faire proche en s'engageant et en partageant avec d'autres

C'est l'amour solidaire, qui a le sens du service, qui aime faire avec d'autres.

Des engagements peuvent avoir déjà été pris avant toute vie de couple : rien, sinon la juste mesure qui garantit l'équilibre du couple (cf chapitre 2), n'interdit de les poursuivre une fois le couple formé. Toutefois il est bon que le « nous » du couple s'engage aussi et traduise ainsi sa complicité et sa générosité dans l'espace social. Partager le plaisir de faire ensemble et avec d'autres, est « *un lien d'intégration du couple à la société et un trait d'union entre ce qui est public et ce qui est privé*[137] ».

Au gré des hasards de la vie, des rencontres, des goûts et des convictions bien sûr, ce peut être des engagements dans des associations caritatives, sportives, culturelles ou artistiques (chorale, club de peinture...), dans des lieux de formation et d'encadrement de jeunes, ou encore dans divers mouvements militants ... La palette est riche ! Pour un couple homosexuel, être membre d'une association LGBT s'inscrit à l'évidence dans cette ouverture à la vie sociale et manifeste une solidarité réelle avec ses semblables.

En toute hypothèse, selon le temps dont il dispose et ses savoir-faire, le couple, riche de son dynamisme et de sa joie de partager, peut soit simplement collaborer aux activités organisées par ces divers mouvements, soit se mettre à leur service en prenant des responsabilités d'animation ou de direction.

---

[137] Pape François, Exhortation apostolique post-synodale *Amoris Laetita - La joie de l'amour* n° 181.

Pour un couple chrétien convaincu, la vie de son Eglise constitue un lieu essentiel d'engagement. A minima, c'est participer à la vie cultuelle, qui a déjà une dimension sociale. C'est encore s'inscrire à des groupes de prière, à des retraites (qui prennent des formes variées : en silence, temps de partage ou d'enseignement ...), à des lieux de formation théologique. Même si le « bénéfice » attendu est plus personnel, ce sont déjà des lieux de rencontre du peuple chrétien où de belles amitiés peuvent naître.

Mais le couple est invité à s'impliquer encore davantage soit dans la vie locale paroissiale soit au niveau des instances régionales ou nationales de son Eglise : collaboration aux structures administratives ecclésiales, co-animation dans les services de la pastorale, participation ou prise de responsabilité dans les divers mouvements apostoliques, dans les médias chrétiens ...

Par le témoignage de vie et la parole, le couple a souci d'annoncer le Christ et le faire connaître : le couple chrétien, animé par l'amour conjugal et sa foi, est missionnaire. « *[Les couples chrétiens] parlent de Jésus aux autres, transmettent la foi, éveillent le désir de Dieu et montrent la beauté de l'Evangile ainsi que le style de vie qu'il nous pro*pose. *Ainsi les couples chrétiens peignent le gris de l'espace public, le remplissent de la couleur de la fraternité, de la sensibilité sociale, de la défense de ceux qui sont fragiles, de la foi lumineuse, de l'espérance active. Leur fécondité s'élargit et se traduit par mille manières de rendre présent l'amour de Dieu dans la société[138]* ».

L'effet commun de tous ces engagements est d'ancrer le couple dans la vie sociale, locale ou nationale. Qu'il

---

[138] Ibidem n°184.

manifeste ainsi sa solidarité avec tous et toutes. Que son amour et son unité rayonnent au delà de lui-même et de son cercle familial et amical proche. Dans cet élan, le couple est convié à se projeter encore plus loin.

Se faire proche en ayant le souci d'un monde meilleur

C'est l'amour qui combat pour la justice.

Inspiré par sa sensibilité, son cœur, sa conscience, le couple est appelé au nom de la solidarité humaine à bâtir un monde plus juste, plus solidaire, plus fraternel. L'amour voit au delà de la mort et n'a pas peur de s'ouvrir à l'inconnu d'un avenir plus lointain. Sans naïveté, il accepte s'il le faut une certaine ascèse et l'effort du combat pour participer à l'avènement d'un futur meilleur.

L'Esprit Saint souffle sur qui il veut. Mais de par son baptême, le couple chrétien reçoit plus spécialement l'appel pressant à changer le monde et y faire avancer la vie évangélique, à participer à la construction du Royaume. Il en va de sa fidélité à l'enseignement du Christ, de sa « ressemblance » à ce maître de vie et de sa vocation à se laisser conformer à l'image de Dieu (Romains 8, 29). « *Comme tu ne peux pas comprendre le Christ sans le Royaume qu'il est venu apporter, ta propre mission est inséparable de la construction du Royaume : « Cherchez d'abord le royaume de Dieu et sa justice, et tout cela vous sera donné par surcroît » (Matthieu 6,33). Ton identification avec le Christ et avec ses désirs implique l'engagement à construire, avec lui, ce Royaume d'amour, de justice et de paix pour tout le monde. Le Christ lui-même veut le vivre avec toi, dans tous les efforts ou les renoncements que cela implique, et également dans les joies et dans la fécondité qu'il peut t'offrir. Par consé-*

quent tu ne te sanctifieras pas sans te donner corps et âme pour offrir le meilleur de toi-même dans cet engagement[139] ». C'est donc bien là une tâche essentielle pour tout couple chrétien, quelle que soit son orientation affective.

Certes cette participation à la venue du Royaume passe déjà par l'esprit d'accueil et de bienveillance déjà évoqué, ou par les engagements sociaux mis en œuvre. Mais d'autres modalités où les choix du couple sont déterminants pour faire advenir plus de justice et de fraternité dans le monde, peuvent encore être suggérées. En voici quelques-unes :

Aujourd'hui **la sobriété**[140] est un apport important à la construction d'un futur meilleur, à la venue du Royaume. Elle n'est pas l'abstinence qui revient à nier la bonté des choses et elle n'est pas seulement animée par le souci d'une libération intérieure de soi comme peut l'être l'ascèse. Elle manifeste plutôt la solidarité à l'égard des générations présentes et surtout futures, le souci de partager les ressources de la planète qui ne sont pas illimitées, le respect et la coopération en faveur de peuples géographiquement plus lointains mais menacés notamment par le réchauffement climatique.

Les conséquences de la surconsommation sur les ressources et l'habitabilité de la planète sont en effet mainte-

---

[139] Pape François, Exhortation apostolique sur l'appel à la sainteté dans le monde actuel *Gaudete et Exsultate* n° 25.
[140] Sur toute cette problématique, il faut lire l'encyclique *Laudato si'* du pape François, dont nous nous inspirons directement. Il propose notamment une éducation et une spiritualité écologique (n°202-246). Parmi de nombreux ouvrages, on peut signaler celui de Michel Maxime Egger, *La terre comme soi-même*, Genève, Labor et Fides, notamment le chapitre V, *Les chemins de la transformation écospirituelle*.

nant bien connues. S'y adjoint la question de la dépendance à la technologie, celle-ci étant à la fois une merveilleuse réalisation humaine mais aussi l'occasion pour ceux qui ont la connaissance scientifique et technologique d'exercer un pouvoir terrible sur les autres et de s'enrichir à leurs dépens. Au delà de l'aspect proprement écologique, c'est toute la question de l'argent, du désir de posséder, de son train de vie à laquelle le couple est confronté[141]. Quel genre de monde veut-il laisser à ceux et celles qui lui succéderont ? Quelle égalité, quelle justice règne entre les humains selon les régions habitées ? Comment le couple participe-t-il au bien commun dans le cadre local, national, international ?

Le couple peut se sentir largement désarmé face à l'ampleur de la problématique de l'écologie intégrale. Pourtant, s'engager dans une vie sobre est à la portée de chacun·e. Un juste rapport à l'argent et à la consommation et la préférence de l'être au paraître, permettent au couple de nouer avec les autres humains des relations plus justes. La sobriété génère une conversion du regard, des désirs, de la sensibilité aux besoins des autres. Elle éduque à l'altérité et apprend à rendre justice à toute créature singulière et aimée de Dieu, à lui reconnaître sa pleine valeur. Elle ouvre au sens de la gratuité et à une sagesse pratique dans laquelle le couple peut trouver son épanouissement.

La générosité du couple envers les plus pauvres et les plus vulnérables traduit son sens du partage et sa miséricorde. Elle a une portée philanthropique mais aussi reli-

---

[141] Sur les rapports du couple à l'argent, lire Pierre-Marie Castaignos, *Se marier et durer*, Paris, Salvator, 2012, pages 51 et sv, ou encore Jérôme Courduriès, *Etre en couple (gay) - Conjugalité et homosexualité masculine en France*, Lyon, Presses universitaires de Lyon, 2011, pages 199 et sv.

gieuse. « *Devant celui qui est ta propre chair, tu ne te déroberas pas. Alors ta lumière poindra comme l'aurore ... Ta justice marchera devant toi et la gloire du Seigneur sera ton arrière-garde* » *(Isaïe 58,7-8).*

Déjà la Loi de Moïse codifiait pour la société rurale de son époque des formes concrètes d'aumône «*pour qu'il n'y ait pas de pauvres chez toi* » (Deutéronome 15,4) : par exemple laisser une part des récoltes pour le glanage et le grappillage (Lévitique 19,9), prélever la dîme triennale au profit de ceux qui n'ont pas de terre (Deutéronome 14,28-29), remettre les dettes tous les sept ans (Deutéronome 15,1).

Jésus fait de l'aumône désintéressée et discrète l'un des piliers de la vie religieuse (Matthieu 6,1-4) ; il révèle aussi que lors du jugement dernier, « *ce qui aura été fait à l'un de ces petits, qui sont ses frères, c'est à Lui que cela aura été fait* » *(Matthieu 25, 40).* De même Paul prône la collecte au profit de l'Eglise de Jérusalem et voit dans la générosité des Corinthiens une imitation du Christ « *qui de riche qu'il était, s'est fait pauvre pour vous enrichir de sa pauvreté* » *(2 Corinthiens 8,9).* La générosité s'inscrit donc dans une longue tradition de foi pour faire advenir un monde plus juste.

Aujourd'hui, si les pays occidentaux ont des législations sociales relativement protectrices, il n'en reste pas moins que bien des hommes et des femmes ne peuvent toujours pas satisfaire leurs besoins essentiels correctement. Il y a donc place encore pour le partage : l'échange d'un regard, d'un mot, ou un peu d'argent. Ce peut être aussi sous la forme d'un don à des associations caritatives qui redistribuent à chacun selon ses besoins. D'autant que la pauvreté a divers visages, et pas seulement celui du mendiant des rues. Un couple qui dispose d'un peu d'aise peut imaginer et organiser une véritable politique de justice sociale qui lui soit personnelle, en délibérant sur les sommes consacrées à ses dons et en les répartissant dans les différents domaines où il veut agir en priorité : aide sociale, formation, santé, aide internationale etc...Et ce d'autant qu'en France, l'efficacité de ces dons est confortée par une politique fiscale particulièrement généreuse. Certes, « *il ne s'agit pas de se mettre dans la gêne en soulageant les autres, mais d'établir l'égalité* » *(2 Corinthiens 8,13)* : il s'agit bien de justice !

Un autre combat que le couple peut mener en faveur de la justice est **la lutte contre les discriminations sociales** dont il est témoin. Elles sont encore nombreuses : la précarité, le sexe, l'origine ethnique, le handicap, l'orientation sexuelle, la religion, sont prétexte au rejet de l'autre, à l'exclusion ou à des humiliations, voire de véritables agressions. L'inégalité entre hommes et femmes demeure un problème majeur. Lutter contre ces discriminations suppose d'abord d'y être attentif, de ne pas s'en rendre coupable autant que faire se peut. Et d'avoir le courage de dénoncer les écarts de langage, les regards suspicieux, les décisions abusives. C'est un engagement que le couple peut prendre de concert, chaque partenaire confortant l'autre dans sa vigilance et dans ses interventions en faveur de l'établissement de relations plus justes.

Vouloir « changer le monde » incline enfin à **l'engagement politique**. Les prophètes du Premier Testament faisaient déjà ce lien entre politique et foi quand ils critiquaient les politiques menées par les dirigeants de leur époque, au nom de la justice sociale fondée sur la Loi divine. De même le Magnificat de Marie qui en est l'écho, est chargé d'une vraie portée politique: « *Il (Dieu) a jeté les puissants à bas de leur trône et il a élevé les humbles ; les affamés, il les a comblés de biens, et les riches, il les a renvoyés les mains vides* » *(Luc 1,52-53)*. Les Béatitudes chez Matthieu et plus encore chez Luc, ont aussi une dimension politique et devraient inspirer toute politique[142]. Certes l'utopie du Royaume n'est pas un programme de gouvernement ou de société, mais elle constitue une inspiration pour contester en permanence l'injustice, sans doute inévitable, de toute politique de ce monde.

Le couple peut assurément se sentir désarmé par rapport à la complexité du monde actuel, dominé par les puissances économiques et les politiques qu'elles inspirent. Il n'est pas cependant sans influence. En démocratie, les droits de vote, d'expression, de manifestation, permettent de faire connaître ses préférences politiques et ses convictions. Le chrétien a donc une responsabilité. « *Si, dans la tradition judéo-chrétienne, Dieu appelle tout homme par son nom, ce n'est jamais en tant qu'individu isolé mais c'est toujours comme membre d'un peuple et pour l'ensemble de ce peuple auquel il est renvoyé. L'espérance chrétienne n'est donc pas seulement individuelle, elle est aussi collective*[143] ».

Selon son appétit et sa sensibilité sur ces questions, chaque partenaire ou les deux ensemble peuvent donc s'intéresser, se documenter, échanger avec d'autres personnes, pour forger leurs opinions. Avec là encore le souci

---

[142] Le cardinal vietnamien François-Xavier Nguyen Van Thuân a proposé une liste des béatitudes de l'homme politique, reprises par le Pape François dans son message pour la journée de la paix 2019.
[143] Conseil permanent de la conférence des Evêques de France *Dans un monde qui change, retrouver le sens du politique*, Bayard – Mame - Cerf, 2016, pages 13-14.

de l'altérité pour éviter le risque de l'entre-soi où l'on pense et fait comme les autres. Ainsi le couple pourra exercer en toute rectitude ses droits de citoyens, voire, s'il croit en avoir le charisme, s'engager dans des actions ou les mouvements politiques de son choix.

Pour le couple chrétien **la prière** est aussi un moyen : prier pour que les décideurs politiques soient attentifs à ce sens de la justice et aient souci d'organiser la paix sociale. Là encore c'est une longue tradition dans laquelle le couple chrétien peut s'inscrire. Le psalmiste prie pour que le roi gouverne selon les plans de Dieu (Psaume 72 (71)), Jérémie demande aux déportés à Babylone d'intercéder pour la prospérité de cette ville car leur propre bien-être en dépend (Jérémie 29,7). Timothée exhorte à prier en faveur des dirigeants : « *Je recommande avant tout que l'on fasse des prières, des supplications, des actions de grâce pour tous les hommes, pour les rois et pour tous ceux qui détiennent l'autorité, afin que nous menions une vie calme et paisible, en toute piété et dignité.* » *(1 Timothée 2, 1-2)*.

Ainsi dans la force de son amour qui le pousse à se faire proche des autres, le couple trouve les ressources pour ce combat en faveur d'un monde meilleur ... en vue de la justice du Royaume s'il confesse le Christ. A lui seul, il ne pourra certes pas changer le monde ! Mais il gardera la conscience droite et pourra peut-être éclairer des proches. Un tel engagement doit humblement accepter que « *le temps des récoltes ne soit pas celui des semences. Il faut du temps pour que des conceptions, des attitudes changent, que des projets s'élaborent, soient reçus et deviennent réalité. Il faut consentir à inscrire son action dans le temps long*[144] ».

---

[144] Ibidem page 53.

Se faire proche en accueillant un enfant

C'est l'amour généreux qui s'ouvre à la responsabilité éducative.

Plutôt que de parler de « désir d'enfant », désir que certains ne manquent jamais de qualifier d'égoïste (en leurs propos implicites ou explicites), il est préférable de se placer d'emblée dans la perspective d'un couple qui se sent appelé à manifester à un enfant sa générosité et son trop plein d'amour ; à lui transmettre sa joie et sa foi en la vie, en la Vie, à lui donner la meilleure éducation possible.

Ressentir cet appel n'est pas automatique et beaucoup de couples homosexuels ne sont pas prêts à endosser cette responsabilité particulière. Pour d'autres au contraire, c'est une évidence à laquelle il leur faut répondre impérieusement.

Rappelons, par souci de méthode, que c'est la vie en couple de même sexe dans une perspective chrétienne qui est l'objet propre de ce livre. Il n'y a donc pas lieu de s'étendre sur la question théorique de la légitimité éthique d'une adoption par un tel couple, ou celle d'une procréation médicalement assistée, ou celle d'une gestation pour autrui, pratiques auxquelles la plupart des institutions religieuses sont défavorables. Dans les faits, il semble que ces couples aient des réponses personnelles, différentes de celles de ces institutions[145]. Par contre et s'ils répondent positivement à cette question générale et première, ils doivent en tout état de cause décider *en pratique* s'ils peuvent ou non recourir à l'un ou l'autre de ces moyens . Prendre

---

[145] Même en connaissance des interdits religieux, les couples aménageraient les règles et suivraient leurs convictions personnelles Cf Séverine Mathieu, *L'enfant des possibles*, Paris, Les éditions de l'Atelier / Editions ouvrières, 2013, pages 33 et sv.

en compte leur situation spécifique, hic et nunc, là où ils en sont de leur histoire personnelle.

Et tout d'abord pourquoi vouloir un enfant[146] ?
Il est impératif que le couple soit tout à fait au clair sur ses motivations. Il y en a de mauvaises ou de plus ou moins discutables : chaque fois que la motivation du couple repose sur ses « besoins » personnels ! Citons quelques exemples, de fréquence et de valeur diverses :
- compenser les frustrations de sa propre enfance et vouloir « faire mieux » que ses parents ;
- combler un vide dans la vie du couple qui traverse une période d'acédie (cf supra chapitre 3) ;
- vouloir faire comme les autres et être un adulte accompli ... en adhérant à la logique (ancienne) qui faisait de l'enfant le but du couple ; logique selon laquelle l'épanouissement de la féminité passe nécessairement par la grossesse ou que l'épreuve de l'autorité masculine se joue dans le cadre familial ;
- vouloir mieux se faire accepter de son entourage en donnant l'apparence de la normalité, comme si le fait d'être parent rendait plus acceptable celui d'être homosexuel, comme si l'inscription dans une lignée, une généalogie, atténuait la transgression de la

---

[146] Sur la question lire :
- Lydie Bader, *Le couple conscient*, Labège (31671), Dangles, 2008, pages 89 et sv.
- Robert Neuburger, *Le couple, la plus désirable et périlleuse des aventures*, Paris, Payot & Rivages, 2014-15, pages 81 et sv.
- *Homosexualité et parenté*, sous la direction de Jérôme Courduriès et Agnès Fine, Paris, Armand Colin, 2014, pages 139 et sv (étude des motivations de gays aux Etats Unis).
- Séverine Mathieu, *L'enfant des possibles*, Paris, Les éditions de l'Atelier /Editions ouvrières, 2013, pages 59 et sv.

norme de la différence sexuelle. Une autre motivation à rapprocher de celle-ci est le désir de faire plaisir à ses propres parents en leur permettant de devenir grands-parents[147] ;
- vouloir se prolonger au delà de la mort, transmettre un patrimoine et un peu de soi, ne pas arrêter la chaîne des générations.

Selon Françoise Héritier-Augé, il vaudrait mieux parler dans ces derniers cas de désir de descendance plutôt que de désir d'enfant.

Ces motivations et d'autres semblables (qui peuvent être aussi celles de couples hétérosexuels), ne répondent pas aux exigences qui s'imposent à un couple conscient de ses responsabilités éducatives. En effet elles ne sont pas fondées dans l'amour mutuel du couple. L'enfant ne peut être la solution d'un problème, car cela reviendrait à s'en servir et non à le servir. Le désir d'enfant, *en soi,* ne garantit pas la qualité d'accueil nécessaire pour l'évolution harmonieuse d'un enfant. Celui-ci n'est pas la prolongation égoïste du « nous » du couple. Au contraire, éduquer un enfant est une école d'altérité, car l'enfant est une autre personne qui a sa volonté propre et sa destinée singulière, à laquelle le couple est appelé à donner temps et compétence, amour.

En réalité, l'enfant n'est bien accueilli que si dans sa volonté d'ouverture au monde, le couple discerne en son intime, et devant Dieu s'il est croyant, l'appel à s'engager de tout son amour vis-à-vis d'un enfant. Le couple doit

---

[147] Jérôme Courduriès, in *Etre en couple gay - Conjugalité et homosexualité masculine en France,* Lyon, Presses Universitaires de Lyon, 2011, pages 137 et sv.

s'en considérer responsable pour toujours : se mettre à son service, sans confusion des personnes et des rôles, en lui apportant toute l'affection dont il a besoin aux différentes étapes de sa vie, en l'entourant de respect et de compréhension mais aussi en exerçant à son égard une autorité authentique qui lui permette de grandir et devenir adulte dans l'accomplissement de ses aspirations et de ses talents. Etre parent est une vocation. Pour un couple chrétien, et même s'il n'est pas artisan de sa conception, devenir parent, c'est devenir participant de l'acte créateur de Dieu en permettant à ce tout-petit de devenir pleinement adulte[148].

Le couple doit donc vérifier s'il a les moyens matériels et les capacités éducatives suffisantes pour mettre effectivement en œuvre cette vocation dans des conditions raisonnables. Se mettre d'accord aussi sur les principes éducatifs qu'il appliquera, ce qui n'est jamais évident, l'un·e étant en général plus permissif que l'autre[149].

Parmi les difficultés éducatives prévisibles, l'histoire des rapports entretenus par chaque partenaire avec ses propres parents, parfois difficiles en raison de son homosexualité ou pour tout autre motif, peut revenir comme en boomerang. En toute hypothèse, chacun·e doit se libérer des conceptions du rôle du père et de la mère que son expérience d'enfant lui a inculquées. Il faut beaucoup de clairvoyance et de courage pour s'en libérer, éviter dans l'éducation de l'enfant les reproductions malheureuses ou les oppositions réactionnelles inadaptées, faire en sorte

---

[148] Dominique Foyer, *Le lien familial : questions et promesses*, sous la direction de Jacques Arènes et Dominique Foyer, Paris, Desclée de Brouwer, 2013, page 252.
[149] Yvon Dallaire, *Qui sont ces couples heureux ?*, Le livre de poche (option santé), 2008, n° 10032, pages 109 et sv.

que le couple invente un style éducatif nouveau et qui lui soit propre.

Le couple qui a recours à l'adoption doit aussi être conscient que l'histoire vécue avec les parents de substitution n'efface pas l'histoire de l'enfant vécue antérieurement avec sa famille d'origine, et notamment le traumatisme de l'abandon par ses parents biologiques. Il ne suffit pas d'adopter l'enfant, il faut se laisser adopter par lui.

De même, la procréation médicalement assistée ne peut faire l'économie de l'histoire de l'enfant liée à la participation d'une gamète « étrangère ». Dans le cas d'une gestation pour autrui, l'histoire du fœtus et de ses rapports à la mère naturelle ne saurait être davantage oubliée.

Dans son environnement, le couple homosexuel avec enfant revendique en général plutôt un droit à l'indifférence qu'à la différence. Pourtant, compte tenu de sa particularité d'être constitué de deux personnes de même sexe, le couple devra pour le bien de l'enfant accepter de s'appuyer sur d'autres personnes ou d'autres couples. Dans sa tâche éducative, il aura en effet à cœur que l'enfant puisse nouer toutes les relations masculines et féminines nécessaires à sa bonne structuration psychologique. Il a été relevé du reste que les familles homoparentales sont habituellement plus étendues, appuyées sur un réseau d'amis et de proches[150].

De plus, l'enfant accueilli sera tôt ou tard confronté à des manifestations d'homophobie, évidentes ou sournoises. Comme pour les enfants naturels d'un premier lit, les mêmes précautions doivent être prises.

---

[150] *Homosexualité et parenté*, sous la direction de Jérôme Courduriès et Agnès Fine, Paris, Armand Colin, 2014, page 203.

Ceci rappelé, il ressort des travaux sur les familles homoparentales qu'en général leurs enfants ne se développent pas différemment de ceux vivants dans des familles hétérosexuelles biparentales, ce qui est plutôt encourageant[151].

Par ailleurs, décider « d'introduire » dans la vie du couple un enfant conduit à faire du couple une famille, ce qui modifie profondément la dynamique du couple qui passe ainsi du statut conjugal au statut parental. Il faut beaucoup de conscience et de lucidité avant d'en décider. C'est en effet un changement brutal qui fait que plus rien n'est « comme avant ». Chaque partenaire « *assume désormais un double rôle et doit osciller constamment d'une place de conjoint à une place de parent, c'est-à-dire d'une position de négociation, de confrontation et de parité à une position hiérarchisée et complémentaire par rapport à l'enfant[152]* ». Comme c'est le cas pour les parents hétérosexuels, l'enfant, en sa position de tiers, introduit une distance entre les partenaires homosexuels qui oblige à renégocier les pratiques, les rites du quotidien, les compromis acquis antérieurement.

En outre, dans les hypothèses de procréation médicalement assistée ou de gestation pour autrui, celle qui n'a pas porté l'enfant ou celui qui n'a pas concouru par le don de ses gamètes, a certes consenti à la venue de l'enfant mais se trouve dans la situation de « parent non statutaire[153] ». De ce fait, il peut avoir plus de mal à se vivre comme parent, notamment quand des difficultés éducatives particu-

---

[151] Ibidem page 203.
[152] Serge Hefez avec Danièle Laufer, *La danse du couple*, Paris, Librairie Arthème Fayard, Collection Pluriel, 2010, pages 188 et sv.
[153] Cf *Homosexualité et parenté*, sous la direction de Jérôme Courduriès et Agnès Fine, Paris, Armand Colin, 2014, page 28 et pages 189 et sv.

lières surgissent. Il faut donc que les partenaires soient conscient·es de ce risque et apprennent à être vraiment parents à part entière et à égalité. Les tâches et les responsabilités doivent être négociées clairement. Sinon, quand une dispute assombrira les rapports de couple, la réalité parentale « naturelle » risquera d'être invoquée agressivement par l'un·e contre l'autre.

Enfin, créer une famille dépasse le simple fait pour le couple d'accueillir un enfant. Les grands-parents et la famille élargie sont aussi concernés. Robert Neuburger remarque « *qu'une famille, c'est avant tout un projet, celui de fonder une nouvelle institution qui contienne des parents et un ou des enfants. Cette nouvelle institution ne saurait se confondre avec le couple. il s'agit d'un nouvel engagement, celui de relier des êtres et leurs ancêtres entre eux[154]* ». S'appuyant sur les considérations de l'anthropologue Maurice Godelier, il rappelle que, quelle que soit la forme de la famille, celle-ci se caractérise par l'obligation de transmettre. Ce qui signifie que l'enfant doit pouvoir y puiser les ressources qui lui permettront plus tard de fonder sa propre famille : pas nécessairement sur le même modèle, mais une famille qui lui ouvrira la possibilité de transmettre à son tour.

Le couple homosexuel qui accueille un enfant doit donc entretenir des relations familiales suffisamment riches pour permettre à l'enfant d'écrire une histoire de sa famille et de se tenir comme un relais entre générations. C'est un autre aspect de la dette généalogique.

---

[154] Robert Neuburger, *Le couple, la plus désirable et périlleuse des aventures*, Paris, Payot & Rivages, Petite Biblio Payot, 2014-15, pages 87 et sv.
Sur les rapports avec les grands parents, lire *Homosexualité et parenté*, sous la direction de Jérôme Courduriès et Agnès Fine, Paris, Armand Colin, 2014, pages 157 et sv -- 175 et sv.

Autant de questions que le couple homosexuel doit donc se poser avant de décider à accueillir un enfant, a fortiori s'il en accueille plusieurs[155]. On le voit, c'est bien d'une vocation particulière qu'il s'agit.

* * *

Ainsi, fort de ses harmoniques et de ses différences, usant de sa complémentarité, le couple s'ouvre sur le monde pour se faire proche de tous et y souffler un esprit de Vie. C'est là toute sa fécondité : elle résulte de son sens de l'altérité. Ayant appris à prendre soin de l'autre partenaire, chacun·e a le désir de prendre soin aussi des autres, de tout autre. Témoin vivant des promesses du Christ, il se fait lumière du monde et sel de la terre pour réconforter tous les éventuels pèlerins d'Emmaüs. Il participe à la construction du Royaume de Dieu, déjà réalisé et toujours à venir.

* * *

---

[155] Sur un tel accueil de plusieurs enfants, cf Robert Neuburger, *Le couple, la plus désirable et périlleuse des aventures*, Paris, Payot & Rivages, Petite Biblio Payot, 2014-15, pages 90 et sv.

Bénir !

Pour tout homme et toute femme, aimer et se laisser aimer, découvrir toujours plus loin la singularité de chacun·e, respecter et se réjouir de cette altérité, c'est la loi d'un amour humanisé et la clef pour la réussite d'un couple. Pour les chrétiens c'est en même temps un chemin de sanctification : dépassant le seul désir, cet amour se fortifie et devient histoire, une histoire d'alliance au quotidien, une histoire sainte placée sous le regard de Dieu.

Cela passe toujours par un renoncement aux désirs égotistes, en particulier aux désirs de pouvoir, de domination, de possession qui pervertissent la relation humaine dès son commencement. Il faut donc la purifier sans cesse. Tout amour humanisé est le signe d'un dépassement de soi pour aller vers l'autre, le signe d'une conversion permanente ... avec ses insuffisances, ses échecs et ses reprises.

« Le fait « d'aller vers l'autre » se noue dans une relation qui ne se façonne pas tant sur le modèle du contrat que sur celui de l'alliance dont le trait principal est l'inaltérabilité. (...) A l'inverse de la logique du contrat où tout se joue avant, lors de la négociation méticuleuse des

conditions, dans l'alliance, l'acte premier est certes important mais tout se joue après, indéfiniment[156] ».

Dans un tel amour, les chrétiens reconnaissent à l'œuvre la dynamique pascale qui conduit du renoncement et de la mort à ses passions à la lumière d'un bonheur plénier. Cet amour est signe du salut.

C'est tout aussi évident pour un couple de même sexe, alors même que son itinéraire est souvent plus compliqué. Même si aujourd'hui l'homosexualité est mieux connue et n'est plus taboue, de sorte qu'un certain nombre de jeunes ou même de moins jeunes sont plus à l'aise, cette spécificité fait encore question pour beaucoup, notamment lorsque des convictions religieuses fortes interfèrent.

Quand la personne se découvre différente des autres et prend conscience de son orientation affective particulière, d'ordinaire une crise intérieure s'ouvre : Pourquoi moi ? Que vais-je devenir ? La personne s'interroge, cherche à donner sens et se découvre très seule. Elle se réfugie parfois dans le déni. Souvent elle angoisse avant de pouvoir accepter qui elle est, au terme d'un combat plus ou moins long. Puis il lui faut partager cette singularité avec ses proches. Aveu souvent si difficile à faire, tant est grande la crainte d'une réaction de déni ou de rejet. Enfin, plus tard, elle s'interroge sur ses relations amoureuses possibles : tâtonnements maladroits, frustrants ou infructueux !

Quand enfin l'amour éclot, s'émerveille, ose se dire et s'engage, le couple homosexuel doit, certes comme tout autre, s'appliquer au fil des jours à ce travail de l'amour nécessaire pour parvenir à ajuster les personnalités. Suivre

---

[156] Jean Pierre Rosa, *La Bible, le Sexe et Nous - Libérer la Parole*, Paris, Salvator, pages 166 et 167.

ainsi le lent cheminement de la maturation ; vivre la pâque.

Mais en parallèle et de surcroît, le couple homosexuel devra recommencer auprès de ses proches à se dire, à se justifier, à supporter leurs réactions toujours inquiètes ou maladroites, parfois furieuses ; contredire les clichés négatifs et blessants.

Il lui revient encore de trouver sa place dans une société hétéronormée, forte de son poids majoritaire, finalement assez peu encline à accueillir dans l'égalité et à estimer sans réserve ces couples qui la dérangent dans ses représentations habituelles. Le couple croyant doit par ailleurs se forger une conscience droite qui ait l'audace de se libérer des lois religieuses qui font obstacle, pour suivre humblement mais avec toute sa force de conviction, les intuitions que la grâce de son amour lui suggère. Quelle liberté courageuse et quelle résilience ne faut-il pas pour toujours mener ce combat, surmonter les épreuves, rebondir, avancer, trouver petit à petit le chemin du bonheur ?

C'est pourquoi le couple homosexuel a une valeur symbolique forte[157]. Il incarne la force de salut qui prend appui sur la confiance et l'espérance mises en son amour et en la grâce baptismale. Au fil des jours et dans la banalité du quotidien, il témoigne du travail de cette grâce, qu'il en soit conscient ou non. Il témoigne que le Christ est mort et ressuscité pour tous, qu'Il sauve tout homme et toute femme. Par là même, il enrichit la société pour laquelle il est ferment d'évangélisation ; il invite les églises à s'ouvrir plus radicalement à l'autre différent, à la réalité

---

[157] Michel Anquetil, *Chrétiens homosexuels en couple, un chemin légitime d'espérance*, Saint-Denis, Edilivre, 2018, pages 106 et sv.

toujours supérieure à l'idée ou la doctrine répétitive[158] ; bref à accueillir l'universel. Il travaille ainsi à la venue du Royaume offert à tous et non pas seulement au semblable rassurant. Il a donc une portée eschatologique.

* * *

Toute bénédiction vient en premier lieu du Dieu qui dit, fait et voit que cela est bon (cf Genèse 1). Le « bien » qu'elle apporte est don créateur et vivifiant, de l'ordre de l'être, non de l'avoir.

Un couple homosexuel est lui aussi béni de Dieu car son amour est le signe d'un amour plus grand que lui, le signe que le couple est baptisé dans la mort de Jésus-Christ et ressuscité avec lui à une vie nouvelle (cf Romains 6,4). Il reçoit du Christ cette bénédiction comme le sceau de toute la tendresse du Père. Chacun de ses membres est béni quand il est appelé à l'existence et se voit assigner ce destin particulier lié à son orientation affective. Le couple lui-même est béni quand il vit l'émerveillement de la rencontre fondatrice et qu'il est appelé à cette responsabilité particulière qu'est l'alliance.

« *En nous redisant l'amour de Dieu manifesté en Jésus-Christ, la grâce de Dieu signifiée par la bénédiction nous décentre de nous-mêmes et nous libère de tout souci d'autojustification. Elle nous appelle à laisser cet amour transformer nos vies pour les mettre au diapason de l'Evangile (...). La bénédiction est à la fois accueil, promesse et envoi : ne retenir qu'un seul des trois pôles ne*

---

[158] Pape François, Exhortation apostolique *La joie de l'Evangile,* n°231 et sv.

rendrait pas compte du mouvement même de la bénédiction[159] » :
- *accueil* de l'amour de Dieu. La bénédiction première de Dieu sur le couple appelle en retour la bénédiction de Dieu par le couple, sous la forme de la louange, de la reconnaissance et de l'action de grâce. « *Bénissez, car c'est à cela que vous avez été appelés, afin d'hériter de la bénédiction* » *(1 Pierre 3,9)* ;
- *promesse* de sa Présence bienfaisante tout au long de cette histoire d'amour, de cette histoire d'alliance, dans les incertitudes ou les échecs comme dans les joies de la vie ;
- *envoi* à la responsabilité d'accueillir les grâces reçues et de niveler les obstacles qu'elles pourraient rencontrer, pour qu'elles sanctifient le couple et portent tout leur fruit.

Remercier, s'émerveiller, adorer.

Faut-il célébrer cette bénédiction ?

Oui, à coup sûr, tout au long de la vie du couple en son intimité : être béni et bénir sont les deux faces de la rencontre de l'homme avec son Dieu.

Oui aussi, au sein de la communauté des proches, des amis, des frères et sœurs dans la foi, dans la forme la plus appropriée selon l'ancienneté du couple : lors de sa formation avec un accent plus marqué sur la confiance dans les grâces à venir ; plus tard, avec un accent sur la reconnaissance des grâces déjà reçues.

Car là où un couple exprime sa joie et sa reconnaissance en présence de deux ou trois réunis au nom du

---

[159] Décision n° 30 du Synode de l'Eglise Protestante Unie de France, réuni à Sète 17 mai 2015 § 2.

Christ, Christ est présent au milieu d'eux (Matthieu 18,20).
Venez dans sa maison lui rendre grâce,
Dans sa demeure chanter ses louanges !
Rendez-grâce et bénissez son nom !
Oui, le Seigneur est bon, éternel est son amour.
Sa fidélité demeure d'âge en âge !
(Psaume 100(99), 4-5).

* * *

TABLE DES MATIÈRES

INTRODUCTION 9

PREMIER CHAPITRE
La rencontre amoureuse 21

1. « L'avent » de la rencontre 23
    Désirer 23
    Prier 27
    Se préparer 31
2. Le ravissement amoureux 37
    Les circonstances de la rencontre 37
    L'émerveillement 38
    Les zones d'ombre 40
    Louange et promesse de vie 43
3. L'engagement mutuel 44
    Discerner 45
    S'engager 48

DEUXIÈME CHAPITRE
Au fil des jours, apprendre à s'aimer 53

1. Une sexualité à humaniser 56
2. Le « travail de l'amour » ou l'ajustement des deux personnalités .. 65
    Ecouter et oser se dévoiler 67
    Supporter l'autre tel qu'il·elle est 72
    Négocier les difficultés pratiques du quotidien 76
    Le service mutuel 82
    La politesse et le pardon 86

TROISIÈME CHAPITRE
Au fil des jours, vivre l'alliance 93

    1. Le bonheur de vivre à deux 96
        Un cœur libre et tendre 96
        Un cœur confiant et en paix 99
        Le charme de la vie commune 102
    2. Un bonheur pourtant toujours fragile 105
        L'acédie du couple 106
        La déchirure du couple 113
        La brisure du couple et le deuil 116
    3. Vivre l'alliance devant Dieu 118
        Un regard contemplatif posé sur l'aimé·e 119
        La prière du couple 122

QUATRIÈME CHAPITRE
L'ouverture sur le monde 131

    1. Le premier cercle des proches 133
        La présentation du couple et le coming-out 133
        La relation aux parents 137
        La relation avec les enfants issus d'une précédente union 142
        La relation avec les autres membres de la parentèle et les amis .. 145
    2. Se faire proche des autres 148
        Se faire proche en répandant la joie et la paix 148
        Se faire proche en s'engageant et en partageant avec d'autres 151
        Se faire proche en ayant le souci d'un monde meilleur 153
        Se faire proche en accueillant un enfant 160

Bénir ! 169

Structures éditoriales du groupe L'Harmattan

L'Harmattan Italie
Via degli Artisti, 15
10124 Torino
harmattan.italia@gmail.com

L'Harmattan Hongrie
Kossuth l. u. 14-16.
1053 Budapest
harmattan@harmattan.hu

L'Harmattan Sénégal
10 VDN en face Mermoz
BP 45034 Dakar-Fann
senharmattan@gmail.com

L'Harmattan Cameroun
TSINGA/FECAFOOT
BP 11486 Yaoundé
inkoukam@gmail.com

L'Harmattan Burkina Faso
Achille Somé – tengnule@hotmail.fr

L'Harmattan Guinée
Almamya, rue KA 028 OKB Agency
BP 3470 Conakry
harmattanguinee@yahoo.fr

L'Harmattan RDC
185, avenue Nyangwe
Commune de Lingwala – Kinshasa
matangilamusadila@yahoo.fr

L'Harmattan Congo
67, boulevard Denis-Sassou-N'Guesso
BP 2874 Brazzaville
harmattan.congo@yahoo.fr

L'Harmattan Mali
ACI 2000 - Immeuble Mgr Jean Marie Cisse
Bureau 10
BP 145 Bamako-Mali
mali@harmattan.fr

L'Harmattan Togo
Djidjole – Lomé
Maison Amela
face EPP BATOME
ddamela@aol.com

L'Harmattan Côte d'Ivoire
Résidence Karl – Cité des Arts
Abidjan-Cocody
03 BP 1588 Abidjan
espace_harmattan.ci@hotmail.fr

Nos librairies en France

Librairie internationale
16, rue des Écoles
75005 Paris
librairie.internationale@harmattan.fr
01 40 46 79 11
www.librairieharmattan.com

Librairie des savoirs
21, rue des Écoles
75005 Paris
librairie.sh@harmattan.fr
01 46 34 13 71
www.librairieharmattansh.com

Librairie Le Lucernaire
53, rue Notre-Dame-des-Champs
75006 Paris
librairie@lucernaire.fr
01 42 22 67 13